教育エッセイ

ジューンベリーに忘れ物

～心豊かであれば～

塚原 渉

郁朋社

まえがき

教職生活が終わりに近づくと、次第に未練のような感情が大きくなった。「もっと続けたい」「まだやりたいことがある」。その想いは、『重責からの解放感』を上回った。でも、それを払拭し「人生をリセットしよう」と決めた。「そうだ。思い切って東京を卒業して、知らない土地で再び『自分探しの旅』を続けよう！」。新天地にしたのは北海道伊達市だった。


２０１２年６月、新居に着くと業者さんが選定・植樹してくださった１本の庭木が、そよ風に揺れながら迎えてくれた。

「ジューンベリーと言います。ご自宅のシンボルツリーにふさわしいと思いまして」

『Ｊｕｎｅ』。６月は、思い出のつまった月だった。大事にしたいと思った。

知人も友人もいない地での暮らしだが、四季の移ろいと穏やかな時の流れに、全てが新鮮で充実した毎日だった。ところが2年目の春、右手に異変がおきた。診断は尺骨神経損傷。すぐに手術を受けた。結果は期待したほどではなかった。手のひらに麻痺と痛み、しびれが残った。それまでとは一変し、イライラした日が続いた。
それを隠すように、2階の自室で過ごすことが多くなり、PCを覗く時間が増えた。はじめて様々な方が発信するブログの存在を知った。「こんな情報交換の機会があるなんて！」「こんな表現の場があったとは！」。驚きと共に惹かれていった。

ジューンベリーに忘れ物
——シンボルツリーは　ジューンベリー
どこかに沢山の忘れ物をしてきた気がして——

ブログのタイトルと趣旨をこう定め、毎週末に『自分探しの旅』を綴り、発信を続けた。楽しい時間だった。ジューンベリーのそばでの日々と、忘れ物を探すかのように私の軌跡をたどり、記した。それを積み重ねた時が10年を越えた。

奥様を亡くされた方からの喪中はがきに、「妻を亡くしてからどうもやる気がなくて、でも先生のブログに励まされています」とあった。憔悴する彼に胸が詰まると共に、私の背中を押してもらった気がした。

そのような声が届くたびに、エッセイ集への一歩を踏み出す勇気が湧いた。

まだ旅の途中である。ひ弱だった幼少期から様々なドラマがあった。時には驚くような強さで立ち上がったことも。その私が教職に挑んだ。当然、順風満帆な訳がない。でも、まわりの人の優しさを拠り所にのり越え、いつからかこれが天職と思うまでに。そして今、北の大地でセカンドライフを送りながら、『子どもたちと学校の応援団』でいる。

そんな自分探しの一端が、あなたの心に届いたらいい……。

教育エッセイ　ジューンベリーに忘れ物　～心豊かであれば～／目次

3　あの日に魅せられ

6　今日もいい天気

1

贈り物は真心

「裏の子だ」と

小学校入学前のこと、雪解けの季節なので3月末か4月初旬だろう。札幌に住む祖母が亡くなった。急きょ、両親と私が室蘭から葬儀に向かった。

初めての汽車の旅だった。4人が向かい合わせに座る固いボックス席で、駅弁と陶器の急須に入ったお茶で食事をした記憶がある。だが、どれだけの時間をかけて行ったのかなど多くは思い出せない。ただ、経験のない旅行に小さくおびえ、いつも母の手を握っていた。葬儀の様子も忘れた。母が手にした白い布で、何度も鼻と目をおさえていたのを、不思議そうに見上げていた。

何泊したのだろうか。再び汽車に乗って帰る日がきた。春の明るい陽差しが降りそそいでいた。辺りは雪解けが進んで、うす茶色の水が溜まっていた。親戚の方々がそろって、門前まで見送ってくれた。父も母も、両手に土産や着替えの荷物を持っていた。私は2人の後ろを、雪解け道に足をとられながらついていった。

ようやくバス停のある大通りまで出た。当時はまだ、車社会ではなかった。バスやタクシー、トラック、オート三輪車と一緒に、雪道では馬そりが積み荷を運んでいた。所々にその馬糞が落ちていた。

大通りに出てすぐ、私は災難に見舞われた。雪解けが進む道路で足が滑った。あっという間に、空を仰ぎ、お尻と背中を車輪が作ったわだちに滑らせた。慌てて立ち上がったが、一瞬で馬糞の混じった雪解け水で、全身がずぶ濡れになった。久しぶりに、体中の全ての力を使い大声を張り上げて泣いた。

「あらあら……！」

私のそばでとほうに暮れる父と母に、その時、通りの向こうから声が飛んできた。

「こっちにおいで！　こっち、こっち！」

事務所のような店構えのガラス扉を開け、女性が手招きしていた。ここから先は、後日、母から聞いたことだ。

泣きじゃくる私をつれて、通りを横切りそこへ駆け込んだ。

「冷たいでしょう。さあさあ脱いで、脱いで。うちの子のお古があるから……」

女性は、手際よくタオルや着替えを用意してくれた。ストーブに、薪も追加してくれた。父も母も、シクシクが止まらない冷たい私の体を拭き、替えの服を着せた。温かさが増したストーブで体を温めた。

下着も靴下もゴム長靴も、全てを借りた。

「世の中に、こんな親切な人がいるんだ」

そう思いながら母は、その好意にくり返しくり返し頭をさげた。私から馬糞臭さと冷たさが消え、泣くのを止めた。差し出された熱いお茶をすすりながら、両親は、改めて深々と頭をさげお礼を述べた。

すると、女性は恥ずかしそうな表情で言った。

「だって、坊やの泣き声、裏の子とそっくりで……。私、てっきりそうだと思ったの。それで、おいでおいでって言ってしまって……」

「そうでしたか。それは……」

父も母も、もう言葉が出なかった。

「でも、よかったわ。気をつけて、室蘭まで帰るのよ」

女性は、笑顔で私の頭をなでてくれたと言う。

ご褒美だって

昭和30年に戻る。まだ戦後が色濃く残っている時代だったが、製鉄所のある街はどこの家庭もある程度の暮らしをしていた。なので、1年生の多くは赤や黒の皮のランドセルだった。

ところが、私のそれは薄茶色の厚い布製で、しかもそこには男の子と女の子が手をつないでいる絵があった。子どもなりにも私の家が、他とは違って貧しい暮らしなことは知っていた。だから、そのランドセルを前にしても何も言わなかった。ただ「これで学校へ行くのか！」と少しも嬉しくなかった。

ところが、こんなことがあった。入学間近の日だった。近所のおばさんが、私を洋服屋へ連れていった。母が仲よくしていたおばさんだった。洋服屋に入るなり、小学生がかぶる学生帽の売場へ行った。当時は、黒のその帽子をかぶる男の子が多かった。店の方と一緒に、私の頭に学生帽をかぶせ、大きさの品定めをした。

「少し大きいけど、これでいい？」

おばさんは私を見た。突然のことに私は戸惑った。頭の学生帽を両手でさわりながら、

「これ、どうするの？」

「小学校へかぶっていきなさい。買ってあげる」

おばさんは明るく言った。

私はますます戸惑った。親以外から何かを買ってもらったことなどなかった。嬉しい顔もできないまま、押し黙った。

おばさんはさらに明るく、

「遠慮しなくていいの。毎日毎日長いこと保育所に通ったでしょ。えらかったよね。この帽子は、そのご褒美！」

私は、3歳の秋から保育所通いをしていた。それを、おばさんは知っていて、ご褒美だと言った。

夕食の後、家族みんなに学生帽を見せながら、おばさんがそう言ったと胸を張った。母は、新聞紙を細く折りたたみ帽子の内側にはめ、目を真っ赤にしながら私の頭にかぶせ

た。帽子の隙間がなくなり、丁度よくなった。
1年生になると毎日、その帽子をかぶって通学した。他の子と違うランドセルは気になったが、それより学生帽が私を元気にしてくれた。

（『室蘭民報・随筆大手門』掲載に加筆）

僕らの『独学自修』

赴任したある小学校の校歌は、作詩が北原白秋、作曲が山田耕筰だった。昭和11年に作られ、今も歌い継がれている。1番の歌い出しは、「煙煙《けぶりけぶり》空になびく」である。近くに工場群があり、煙がモクモクあがっていたのだろう。それが賞賛された時代だったのだと思う。2番の「勇まし我等　日本児童　日本児童」に、戦争への道を感じるのは、私だけではないだろう。終戦後、それまでの校歌を見直し新しいものにした学校も少なくなかったが、この校歌は生き残った。それは、3番の「励めよ我等　独学自修　独学自修」にあったと私は理解している。『独学自修』は、今日の教育課題に通じている。『自ら考え、自ら課題を解決する力』、そのものである。

さて、私の『独学自修』に移る。恥ずかしさが先行するが、勇気をだす。小学4年の担任はT先生だった。綺麗でやさしかった。毎日、学校に行くのが楽しかった。年齢も手伝っていたのだろうが、快活でわんぱく盛りだった。それでも、大好きな先生の困った顔がいやで、叱られると素直にそれを受け入れた。

ところが、母や兄の勧めで通い始めたそろばん塾では、騒ぎまくった。なかよしだった同級生と一緒になり、そろばん塾の先生を困らせた。週3回だったが、最初の読み上げ算が始まるとすぐに、好き勝手をやりはじめた。くり返されるごとに増す読み上げの速さについていけなかった。できないなら、周りの子と同じように指を止め、静かに次を待てばいい。それが、そろばん塾のルールだった。ところが、

「早くて、できないよ!」

そろばんを振り回し、大声で叫んだ。

「ぼくも、できない」「ぼくも……」

次々と声を張り上げる子で、数字を読み上げる先生の邪魔をした。

「できなかったら、静かに待ってなさい。うるさい！」

「はーい」

でも、しばらくすると再び同じことをくり返した。

そんな悪態が、家族に伝わらない訳がない。ついに逆鱗に触れた。

「そろばん塾の迷惑者。もう行かなくていい」

私の反省の弁など入る余地がなかった。

そろばん塾を辞めてすぐ、一緒に騒いでいた同級生も同じように辞めさせられた。しばらく小さくなって毎日を過ごした。心を入れ替えようと思った。数日して、家業を手伝っている10歳違いの兄が真顔で、

「これからは、そろばんくらいできないと困るぞ」

「絶対に迷惑をかけないから、もう一度行かせて」とは言えなかった。

ある日、学校からの帰り道で、そろばん塾を辞めさせられた4人がそろった。

「これからはそろばんができないと困るって……」

みんなして、肩を落とした。

「取り返しがつかないことをした」

同じ思いで、秋の夕暮れ時をとぼとぼ歩いた。

「そろばんができるようになりたい」

4人とも同じ気持ちだった。

思い切って兄に相談した。

「そろばん塾に行かなくても、4人でやればいいべ」

兄は、簡単に言ってのけた。

再び、4人で下校した。

「4人でそろばん塾をやろう」

言い出しっぺは私だった。

『月水金、週3回。5時から6時まで』。そろばん塾と同じだった。場所は、週ごとに持ち回りにすることにし、親の許しをもらうことになった。どこの家も簡単には同意してくれなかった。くりかえしお願いした。しばらくして、半信半疑のまま許しがでた。私の家でも、兄が両親に話してくれた。

「いつまで続くか、やらせてみれば……」

第1回は、M君宅の座敷だった。そろばん塾で使っていたテキストを持っていった。4

人とも同じような腕前だった。読み上げ算の先生は私。見取り算はM君。かけ算はS君。割り算はT君。役割分担の後は時間配分も決めた。全ては、そろばん塾のまねだった。休み時間以外はふざけたりせず、それぞれの「先生」の言う通りにした。時間も守った。分からなくなると、その先生に訊いた。先生も分からない時は、みんなで頭を寄せ合った。いつ頃からか、休み時間になると、どこの家でもおやつの差し入れがあった。

どんな経緯だったのか、3か月が過ぎた頃、4人そろって5級の珠算検定試験を受けに行った。見事、4人とも合格した。僕らはすごくやる気になった。4人が検定試験3級合格まで頑張ろうと約束した。

級が上がるとテキストもそれ用のものが必要になった。お小遣いを持って本屋へ行った。再び3か月が過ぎた。4年生も終わり頃だった。今度は4級の検定試験に挑戦した。4人とも自信がなかった。塾にも行かず、子どもだけのそろばん塾だ。もう無理だと思った。それでも、翌朝の新聞発表を待った。紙面には4人の名前があった。益々やる気になった。

そして、3か月後の3級検定試験を目指した。目標にした4人そろっての合格を思い描いた。おそろいの3級用テキストを買った。休み時間のおやつがだんだん良くなった。悪ふざけもせずに、真剣に頑張っているのが心地よかった。

５年生になって間もなく、３級の検定試験を受けに行った。３級合格は高い壁だと聞いていた。会場は、今までとは違う張り詰めた雰囲気だった。４人ともオドオドしていた。誰かから励ましがほしかった。４人だけなことが心細かった。いつもと違い指が動かないまま試験が終わった。オドオドしていたことが情けなくて、涙がこみ上げた。翌日、４人とも真っ赤な目をして登校した。

「３級は簡単じゃないの。また頑張ればいいのよ」

ふさぎ込む私を、母はくり返し励ました。

「そろばん塾へ行きたいなら、頼んでやるぞ」

あまりにも落胆している私を見て、兄はそうまで言ってくれた。

しかし、その日４人はいつもの時間に、そろばんとテキストを持って集まった。

「もう１回だけ頑張ろう」

同じ気持ちだった。

私は、読み上げ算のコツを惜しみなく教えた。一番不得手な見取り算は目の動きをくり返し教えてもらった。それぞれが、それまでに会得した技を教え合った。『友達先生』の教えを信じ、くり返しそろばんを弾いた。時には、終わりの時間を忘れた。再び3か月後、4人そろって試験会場に座った。なぜか、オドオドしていなかった。誰の励ましもいらなかった。リズムよくそろばんを弾いた。

数日後、地元紙の朝刊にこんな記事が載った。『4人でそろばん塾　みごと3級合格！』。

突然のハードル

それは、K中学校3年5組全員にとって驚きの提案だった。

5月末に校内弁論大会が計画されていた。連休が明けた日のホームルームの時間に、学級代表の弁士を決めていた。

私の学級は、2年生の時、次第次第に学級の雰囲気に落ち着きがなくなり、後半はまさに今で言う学級崩壊状態だった。子ども心に、その主な原因が担任の無気力な指導にあると思っていた。そのためか、３年生へ進級した時、私の学級だけ担任が替わった。

まだ、十分には子どもを把握していないはずの新担任M先生が、決まる気配のない話し合いに業を煮やしたのか、突然、私の名を上げ「やってみないか」と言ったのである。M先生が、私の何をもってそんな推薦をしたのか、今もって分からない。当時の私は、決してみんなから注目されるような存在ではなかった。学級会などで意見を述べたりすることはなく、崩壊していた学級でも、ただただ毎日そんな嫌な空気が、頭上を通り抜けてくれることだけを願い、物静かにうつむき、息を殺して過ごしていた。

だから、主張したいことも何もなかった。ましてや、全校生徒の前に１人で立って、自分の思いを述べるなんて、全く想像もしていなかった。私だけでなく、学級の誰一人として、私にそんなことができると思っていなかったはずである。

担任が替わったとは言え、まだまだ学級の雰囲気に変化のない時期だった。何事にも、全員の腰が引けていた。M先生の提案に全員が「これ幸い」とばかりに大きな拍手をした。私は、今までに経験したことのない視線の中で、新しい担任と学級全員に向かって、「やりたくありません」とか「無理です」「できません」と言う勇気がなく、弁士をすることになった。

誰もがそうであるように、私の人生にも数々のハードルがあった。その一つ一つが、今の私につながっている。だが、最初のハードルはこの校内弁論大会だったと思う。

２週間後の大会に向かって、おどおどする日々が始まった。

一度だけＭ先生は、何の心配事もないような底抜けに明るい表情で、

「大丈夫だよ。言いたいことを言いたいだけ言えばいい」

私の両肩を鷲づかみにして励ましてくれた。それっきり、声をかけてくれることはなかった。

周りの友達も、ただ面白そうに、「頑張れよ」「しっかりね」と言ったきり。

近所にいる大学生に相談してごらんと母に勧められた。勇気を出して訪ねてみた。

「言い出しはなあ、『何々について、私の考えを述べたいと思いますのでお聞きください』から始めるんだ」

それだけを教えてくれた。

「その先は、自分で考えな！」

簡単に突き放された。

泣きたくなるような悶々とした思いで数日が過ぎた。それでも私は、６年生の算数での

ちょっとした勉強の体験談を書き上げた。原稿は誰にも見せなかった。

「大きな声で言うためには練習だよ。誰もいない所で、何回も大声で読む練習をすると、いい声が出るようになるからね」

母が教えてくれた。私は、それを鵜呑みにした。学校から帰ると、一人で小学校の裏山へ行った。小高い山頂は、熊笹の原っぱが広がっていた。私は、誰もいないのを確かめてから、大空に向かって原稿を読み上げた。読むたびに、気になった箇所を赤字で直した。そして、再び大空の下で声を張り上げた。

ニュース映画で見た国会の代表質問の場面を思い浮かべ、時々原稿用紙から目を離し、遠くを見たりする練習もした。原稿は、いつの間にか最初に書いたものとは、随分と違うものになった。やがて、誰もいない山の上の原っぱで、大声を張り上げて語ることが楽しくなった。

遂にその日が来た。３年生の学級代表８名が次々に壇に上った。私は、５番目に演壇の前に立った。何故か舞台に上がるとそれまでの緊張から解放された。熊笹の原っぱで声を張り上げているような気持ちよさを感じていた。時折、原稿に目を落としながら、マイクに声をぶつけた。徐々に、沢山の真剣な顔を感じた。みんなの熱い視線が伝わってきた。

全校生徒が並ぶ横に長机の席があった。先生たちがいた。M先生が、私を見ながら何度も何度も笑顔でうなずいていていた。

演壇の私は、それまでに体験したことのない熱いものが、体中を駆け巡っていることに気づいた。今、この瞬間、私に向けられた期待に応えているんだと思った。嬉しかった。そして、何やら不動の強さが芽生え始めていた。無事、弁論を終え降壇した私は、それまでとは違っていた。ハードルを1つ越えたのだった。

審査の結果、1位になった。その後しばらくは、いろんな会場での大会によばれ、演壇に立った。自己主張など全く無縁だった私がである。自分の思いを伝えることの素晴らしさを知った。かき分けてまで人前に出て、語ろうとは思わない。しかし、声がかかると、夢中になって話し始めるのは、あの時の経験がそうさせるのだと思う。

それにしても、M先生の「やってみないか」があったから……。感謝と共に教育の凄さをあらためて思い知る一事である。

青春の手前で

『鉄の町・室蘭』で育った。当時、最大の市街地は中央町だった。いつも人が行き交い活気があった。その賑わいのど真ん中に、『丸井デパート』がある。私たちは、そのデパートを「丸井さん」と呼んだ。年に何回かだが、そこへ買い物に行く時は、「よそいきの服」で出掛けた。

高校1年の初冬のことだ。生徒会役員として、体育祭や学校祭を経験し、その活動にもかなり慣れてきた頃だ。役員会議の話し合いは、『冷害に苦しむ農民への救済』がテーマだった。私は、訳が分からなかった。上級生の役員たちが、真顔で議論を始めた。

昭和39年（1964年）である。その年、北海道の農作物は大冷害に見舞われた。記録では、被害総額は578億円だったとか。

役員会議は、『高校生でも、何か困窮する農家へ手助けはできないか』、そんな内容だった。全くついていけなかった。でも、農家が作物被害を受けている事実だけは分かった。

長い会議の末、1つの行動が決まった。募金活動であった。期間は1週間とした。生徒会役員が交替で、「丸井さん」の前に立つ。そこで、『冷害に苦しむ農民への募金』を呼びかけるのだ。

顧問の先生を通し学校の許しも得た。早速、募金箱を作った。募金を呼びかけるノボリ旗も作った。手製のメガホンも用意した。誰もが初めての経験だった。生徒会室で何回か打ち合わせと練習をした。

募金初日は、役員全員で「丸井さん」の大きなウインドー前に並んだ。日暮れの早い季節だった。チラチラと粉雪が舞っていた。うっすら雪化粧した歩道に、「丸井さん」の明かりがこぼれていた。生徒会長がメガホンを握って、行き交う人々に訴えた。

私は、募金箱を抱える上級生の女子Tさんの横に立った。大声を張り上げて、

「冷害で苦しむ農家へ、募金をお願いします」

そう呼びかける係だった。ところが、それがなかなか言えなかった。他の役員は、それぞれ大声で募金を呼びかけはじめた。

「ねえ、頑張ろう！」

募金箱を持ったTさんから励まされた。その時、募金箱に無言のまま小銭を入れて通り過ぎた方がいた。最初の賛同者だった。

「間違ったことはしていない。正しいことをしているんだ。胸を張っていいんだ」

体が熱くなっていった。

「ありがとうございます」

2人で一緒に大声を張り上げた。そしてついに、私は、「冷害で苦しむ農家へ、募金をお願いします」と。何度も何度も、通行人にくり返し訴えていた。

募金活動は、予定より1週間延長して続けられた。役員以外の生徒からも、活動に加わる者が現れた。授業が終了すると、路線バスで中央町まで行った。「丸井さん」のウインドーの明かりが、寒さを忘れさせてくれた。ノボリに募金箱、そして横一列で声を張り上げた。

募金活動が、どれだけのものだったのか、それを立証することなどできない。でも、高校時代の稚拙な正義感だが、仲間と共にそんなことをした。充実した時間だった。

教職への助走路

教職の道へと、背中を押してくれた人たちがいた。すべて高校3年のことであった。

その1

中学3年で担任をしていただいたM先生は、私を大きく変えてくださった。まさに恩師であった。だから、高校生になってからも、しばしば級友たちと先生を訪ねた。

当時は、男の先生方に宿直という制度があった。どのくらいの頻度なのかは分からないが、学校に泊まり校舎の管理をしていたらしい。先生が宿直の日に、中学校へ行った。夜6時頃から2時間くらい、男女数人で3か月に1回程度だった。その日が待ち遠しかった。応接室だったのか、クッションのきいた革張りの長椅子がある部屋で先生を囲んだ。

先生は、毎回、何か一つ話題を提供し、私たちに意見を求めた。美輪明宏が熱唱するあの『ヨイトマケの唄』を初めて聴いたのも、その時の先生の話題からだった。炭鉱町でいじめを受ける子と母の姿、そして真っ黒になった手足を温めあう男女の話を聞いた。まだウブだった私には強い刺激が残った。

高校3年の夏、先生が宿直する日が来た。久しぶりに参加する友達もいて、ウキウキしていた。先生からは、卒業後の進路について訊かれた。それぞれ思い描いているこれからの道を短く話した。明るい表情で一人一人にうなずきながら「そうか、頑張れ！」と先生は励ました。

当時、私は生徒会の活動に夢中だった。学校祭や体育祭の企画や運営のリーダーとして、それを一つ一つ成功させることに充実感を覚えていた。授業が終わるのを待ち、放課後と同時に生徒会室に駆け込んだ。役員と打ち合わせをしながら、夜遅くまで飛び回っていた。

だから、その夜、進路を問われても返事を持っていなかった。私の順になった。先生の笑顔に小声で言った。

「まだ、何にも考えていません」

そして、「それより、生徒会が楽しくて」と付け加えた。

「そうか、頑張れ！」

他の子と同じ言葉を返してくれた。先々を見ていない自分が少し恥ずかしかったが、さほど気にもかけずその場にいた。

いつものごとく、楽しい時間は瞬時に過ぎ、先生は、学校の玄関まで私たちを見送ってくれた。別れ際、私ひとり、先生に呼び止められた。玄関の隅へ2人で行った。先生は私の肩に腕を回し、

「将来のことを考えるのは大事なことだよ。しっかりと考えてごらん。……どうだ、一緒に先生をやらないか。面白い仕事だぞ！」

思ってもみなかった。どう返事したか覚えがない。帰りの道々、「一緒に先生を」の言葉だけが、グルグルグルグルと私の周りを回っていた。

「M先生と一緒に仕事」

夢のまた夢よりも遠いことだった。でも、やけに嬉しかった。

あれから、「先生に」という思いが少しだけ形になった。

その2

親友の1人が、大学受験をあきらめ、東京で就職すると言い出した。裕福な家庭だったので、当然私立大へ行くと思っていた。なのに突然の変心だった。その心境を深刻に語ってくれた。私など想いも至らない動機の数々に、大きな衝撃と刺激を受けた。「お前も、将来のことをしっかりと考えろ」と、言われているように思った。

私は5人兄弟の末っ子だ。貧しい家庭だったが、私だけはわがままに育った。だから、何事にも楽観的だった。そんな私でも、親友の転身は今後を考える大きな切っ掛けになった。しかし、「何がしたい」「どんな生き方をする」「目標は何だ」。考えもしなかったことを前に、ただオロオロするばかりだった。

もうすぐ初雪が舞う季節だった。進むべき道が見つからないまま、私は、次第に追い詰められていた。そんなある日、偶然だったが後輩の女子と帰り道が一緒になった。彼女は、私が利用する次のバス停で降りるのだ。すでに薄暗くなっていることを理由に、「自宅近くまで送るよ」と申し出た。

バスを降りると、ボタン雪が静かに落ちてきた。肩を並べて歩いた。彼女から卒業後のことを訊かれた。

「考えがない」とは、とても言えなかった。その場を取りつくろおうと、親友の進路変更のことを話した。そして、M先生から声をかけられたことも。

すると、彼女が急に立ち止まった。

「きっと、いい先生になると思います。勉強、頑張ってください」

「あっ、ありがとう」

精一杯の返事だった。体が熱くなった。

彼女の家が近くなり、小走りの後ろ姿を見送った。音もなく降り積もる雪道。「いい先生」が、何度も何度もこだましていた。

誰も見ていない街灯の下で、私はチョットだけ胸を張った。

その3

それは、日曜日の朝のことだ。市場での仕入れがないため、父も兄もいつもより遅い朝食をとっていた。当然、母もいた。私は寝坊を決め込み、押し入れを改造した2段ベットの布団に潜り込んでいた。２人の話し声が聞こえてきた。狭い家だった。

「俺は、中学しか出ていない。いやな思いもしてきた。だから、せめて高校だけは出してやりたかった。だけどね、大学なんて……。どれだけ金がかかるんだ」

「じゃ、反対なんだなあ」

「そうだ。高校を卒業したら、少しでも家にお金を入れてもらいたい」

「まあ、そうなると助かる」

「おやじは、どう思っているんだ」

「………」

「遠慮しないで、言ってほしい」

「そうか……」

私は、布団の中でかたずを飲んで聞いた。

実は、前日の夕食時、私は家族全員を前に大学進学の希望を口にした。

「国立の教育大学に行って、学校の先生になりたい」

胸張った。

「今からでも遅くない。必死に勉強する」

無謀だが強い決心を伝えた。大学受験まで4か月余りを残していた。

当時、我が家は、父と兄で生鮮食品の移動販売をしていた。父は、兄という大きな片腕に助けられていた。

そんな父が、兄に言った。

「俺のせいで迷惑をかけ、こんな貧しい暮らしをさせている。お前にも苦労をさせている。

俺は、尋常小学校さえ卒業できなかった。だから、悔しい気持ちはよく分かる。だけど、勝手を言うと、せめて自分の子どもの1人だけでも、日本の最高学府まで行かせられたらと思っている……」。

その後も、父の話は続いていた。しかし、それ以上、聞くことができなかった。布団を深々とかぶり動けなかった。世話になっていることを顧みず、思いつきのような夢を言い出した。父にも兄にも、辛い思いを口にさせた。後悔で胸がいっぱいになった。軽薄な自分を責めた。

それから数日が過ぎた。学校から戻ると、兄が商売で使っているトラックに私の机やふとんを積み込んでいた。

「大学に合格するのは大変だ。狭い部屋だけど、探しておいた。今日からそこで勉強しろ」

突然のことだった。ストーブのある4畳半を借りてくれた。

「いいか。父さんの夢なんだ。絶対に合格しろ。大学に行け。金は心配するな」

トラックの助手席に座る私に兄は前を見たまま言った。私のズボンに涙の大きなシミができた。

我が家から徒歩10分。老夫婦が暮らす2階の一室。私は、学校からすぐにその部屋に直行した。夕食だけは自宅に戻り、再び部屋で机に向かった。寝る時間を削った。朝は、前日作ってくれた母のおにぎりを食べ、登校した。

一人の寂しさや不安は、これも兄が用意してくれたトランジスターラジオから流れる森山良子の『この広い野原いっぱい』が癒やしてくれた。

ラクダ色の革カバン

大学に入学して最初に受けた講義は『一般社会学』だった。

北海道の小都市にある小さな教育大学の一番大きな教室には、私たち1年生だけでなく沢山の学生がいた。私は、前方中央の席を選び、講義の始まりを待った。しばらくすると、いかにも学者風でよれよれの背広にネクタイ、猫背、その上、白髪まじりで長めのパサパサ髪をオールバックにした先生が、静かに教壇に立った。

私は、I先生のその立ち振る舞いを見て、

「うわぁ、大学だ！」

と心が高ぶり、ギリギリの成績ではあったがこうして大学という場にいることに、この上ない幸せを感じた。

先生は、これまたくたびれたラクダ色の革カバンから、数冊ノートを取り出し、それを机に置くとおもむろに白いチョークを握り、『SOCIOLOGY』と筆記体文字で大きく黒板に書いた。当然、私は読めなかった。しかし、手慣れている風にスラスラとスペルを書く姿を見て、思わず「かっこいい」とつぶやいていた。

以来1年間、この講義だけは一度も欠かさず聴いた。残念なことに講義内容の多くは理解できなかった。でも、専門用語の横文字を殴り書きし、それを指さしながら、それでもちょっと照れくさそうに誰とも目を合わせず、なのに、熱の入った語り口調での講義に、私は一人のぼせていた。

だから、2年生から始まったゼミでは、I先生の研究室を選択した。

「これで、毎週先生のお話を間近で聴ける」

ワクワクした。しかし、劣等生だった。専門書などどれだけ頑張って読んでも理解不能だった。

そんな私でも、先生は他のゼミ生と分け隔てなく問いかけてくださった。先生の質問に答えるどころか、私はその質問の内容さえ分からなかった。

「いいんだよ。質問が質問として理解できたら、その質問の半分が分かったことになる。頑張りなさい」

先生はそう言って、私を励ました。

風貌などは全く似てないのだが、どこか父に共通するものを感じ、私は次第に甘え上手になった。いつ頃からか同期のゼミ生と2人で、先生のご自宅に伺うようになった。夕食後、大学の近くにある平屋の質素なお住まいを訪ねると、先生1人が出迎えてくださった。座卓のある広い居間に通された。いつ行っても、先生は、初めにガラスコップと箸を卓に並べ、次に台所から日本酒の一升びんを片手に持ち、一方の手にロースハムが十枚ほど並んだ平皿を持ってきた。

ロースハムは高価なものだった。それを肴にお酒をいただいた。何も分かっていない学生2人の稚拙な議論を、先生は穏やかな表情で聞いてくれた。

ある時、酒の勢いで私は本音を言った。

「僕は頭が悪く、特に物覚えがダメなんです」

先生は、すかさず言った。

「君が大切だと思ったこと、それだけを覚えておけばいい。つまり決定的瞬間だけ忘れなければいいんだ。他は全部忘れていい！」

その言葉で、私を縛っていた縄が一本ほどけた。今も私を支えている言葉である。

学生運動が盛んな時代だったが何とか4年生になり、夏に教員採用試験を受けた。結果は不合格。それでもめげずに第2次採用試験がある首都圏の都県を受験した。これもことごとく不合格。お先真っ暗な時、東京都がこの年度だけ1月末に、第3次採用試験を都内を会場に実施することを知った。最後のチャンスと受験を申し込んだ。

ところが、私には東京へ行く旅費がなかった。それを知った友人たちが、なんとか費用の半額をカンパと称して集めてくれた。それでも、不足分を工面するめどが立たなかった。学食帰り、真冬のキャンパスをうつむきながらトボトボと歩いていた。バッタリ先生に出会った。

「君を探していたところです。東京の受験、頑張りたまえ」

くたびれたラクダ色の革カバンから祝儀袋を取り出した。袋には『祈念　I』と黒々とあった。旅費の半額を賄うのに十分なピン札が入っていた。

奇跡がおこり、私は1次の筆記試験に合格した。そして、2月第2次の論文・面接試験がこれまた都内でとなった。再び、同じ悩みが訪れた。これまた友人たちのカンパと、キャンパスの雪道で、「君を探していたところです」と、先生から『祈念』と書かれた祝儀袋が。私は、経験したことのない幸福感を力にし、2次試験も突破した。

卒業を目の前にして、都内E区から採用内定の知らせが届いた。

大学を離れる日、こんな私に沢山の後輩たちが駅まで見送りにきてくれた。

数日前、私はI先生へのお礼に代えて、よくお酒を頂いたご自宅の屋根の雪下ろしをした。先生は姿を見せなかったが、奥様に精一杯のご挨拶をし、お別れをしてきた。

まだ駅のストーブに火がついていた。若者ののりで大声をあげ寂しさをごまかしながら、それでも別れのタイミングを見計らっていた時だった。待合室の扉が開いた。まさかと思った。黒の大きめのオーバーコートに、くたびれたラクダ色の革カバンをさげ、先生が入ってきた。言葉を失っていた私に、先生は焦げ茶の中折れ帽子をとって、いつものようにちょっと照れたような表情で、

「塚原君、虐げられた者の味方でいたまえ」

右手をさしだしてくださった。初めて先生の手を握った。

先生が亡くなられて30年以上が過ぎた。先生に託された『虐げられた者の味方』という言葉を忘れたことはなかった。私にはあまりにも難しいことだった。振り返ると、教師としてあるいは人として、どちらかと言えばいつも『虐げられた者』の側で生きてきた。だが、「味方として何ができたか」「味方であったか」と自問すると、私は再び大学のゼミのあの時間に戻り、答えに詰まってしまうのだ。

そんな私を見て、先生はきっと、「その言葉を忘れなかっただけでいいんだよ」と、言ってくれる気がする。

まだ、一度も先生のお墓参りをしていない。それどころが、先生のお墓がどこにあるのかも知らない。大きな忘れ物をしたままである。

（第11回文芸思潮エッセイ賞佳作に加筆）

2　大切な種をひろう

彼のように

東京で教職の道を歩み始めた。土地勘もない、親戚、知人、友人もいない所での教員生活は、不安だけだった。しかし、北国の雪解けで茶色く汚れた家並みから一変し、赴任した小学校の校庭は、明るい太陽の日射しがこぼれていた。その校門に初めて立ったとき、幸運に恵まれた日々がスタートするような、そんな気持ちになった。

当時、首都圏は人口増に伴う新校ラッシュで、教員の大量採用が続いていた。私の小学校も、男女3人が新規採用教員として着任した。

私は5年担任になった。最初の体育の授業では、準備運動として校庭を3周、列を作って軽く走らせた。その後、北海道弁とも知らず「こわいか？」と子どもたちに訊いた。「うん」という返事に「じゃ、もう3周！」。

それを2回もくり返した。私はハアハアと苦しそうに息をする子どもを見て、

「なんで、こわいって言わないの？」と訊いていた。北海道では、「くたびれた」「疲れた」「体がつらい」ときに、「こわい」と遣うのである。

それ以上にひどかったのは授業であった。私は、発問の仕方一つ心得ておらず、ただだ面白おかしく、漫談調で子どもの笑いを誘いながら授業を進めていた。

ところが、半年が過ぎ、一緒に着任した同年齢の先生が、国語の研究授業を行った。それを観た。授業は、物語の読みを深めるものだったが、主人公の気持ちを考え、活発に発言する子どもたちの様子に、私は凄い衝撃を受けた。一人一人が自分の想いを語り、それを真剣に聞き入る子どもと先生。私は、その時初めて授業のあるべき姿を知った。

楽しい授業とは、子どもの笑いを誘い、面白おかしく時間を過ごすことではない。新しい発見や感動を友達と一緒に作り出すことだ。それが授業の楽しさなのだと知った。

「いつか、あんな授業ができるようになりたい」と思った。私に明確な目標ができた瞬間だった。しかし、彼のような授業ができるようになったのは、それから20年以上も先のことになった。

同期が私に教えてくれた授業のあり方、それなくして教員としての私はなかった。あれから半世紀が経った今も、あの授業を驚きの目で見つめていた私を鮮明に思い出すことができる。

昇華

「座右の銘」まではないにしろ、人それぞれ、その人を支えてきた言葉があるのではないだろうか。私も沢山の言葉に出会い、励まされ導かれてきた。

ずっと心にとどまっている言葉がある。

教職に就いて数年が過ぎた頃だった。理科好きの後輩教員が研究授業をした。その後の協議会で、講師の先生から教えていただいた言葉がある。誰もが知っているのだろうが、不勉強な私は、初めて知った言葉だった。先生は、黒板に大きく『昇華』と書いた。私は、その字さえ正しく読めなかった。説明を聞いた。ドライアイスやショウノウのように、液体を通らず固体から気体、気体から固体になる現象だという。

「自然界では、まれにこういうことがあります」

とのこと。そして、理科教育に精通した先生がこうつけ加えた。

「文学の世界でも、よく描かれていることです」

私は、身震いした。

「もしかして、誰の人生にでもあることなのかも……。僕の人生にも……」

そう思い、急ぎ『昇華』とノートに書き留めた。その後は先生の話が全く耳に入らないまま、一人気持ちの高ぶりを必死に抑えていた。

私は、自分の生き方を『後列の人生』と思っていた。家は貧しく、しかも心も体も非力だった。どんな時も人の前に出ることを避け、いつもみんなの後ろを歩いていた。しかも、差がつかないように懸命に頑張って頑張って後ろからついてきた。

それは、教職に就いてからも同じで、表向きは元気で明るく、ほがらかさを装いながらも、どの先生にもかなわないと思っていた。それでもいいとさえ……。

ところが、この言葉に出会った。『昇華』は、私に希望をくれた。

「もしかしたら、私だっていつか何かを機会に、液体を通らず変われるのではないか」

「まだ気づかない私自身の何かが『昇華』するかも」

「私だって……。自分に期待していい」

そう思った私には、今までとは違う気持ちが芽生え始めていた。振り返ると、『昇華』との出会いが、時にはその日を全力でかけぬけようとする私にしたようである。

2人の名医

まもなく40歳という頃である。働きざかりのはずなのに1日中疲労感があった。早く床についても、翌朝疲れが抜けていなかった。同僚たちにそんな弱音を漏らすと、いいお医者さんがいると紹介された。

開業医なのに、その内科医院には最新の医療検査機器がそろっていた。院長先生は、時間をかけて私の状態を聞き取ってくれた。そして「とにかく体の上から下まで、すべて調べてみましょう」と、血液検査、尿と便の検査、レントゲンにバリューム検査と、まさに大がかりな人間ドックが、数回に分けて行われた。私は、仕事の都合をつけながらその検査を受けた。

検査の途中で十二指腸に潰瘍が見つかり、それが体調不良の原因だろうとのことだった。それでも、予定通り検査は続けられ最後の検査となった。それが大腸にバリュームを入れてのものだった。経験のない検査だった。

院長先生が、私のお尻にバリュームを入れようとした。

「どうしたんですか。これは！」

院長先生の声はことのほか大きかった。私は横になったまま、言い訳した。

「若い頃から痔が悪くて、2回ほど手術をしました。うまくいかなくて、そのままに」

「そうでしたか。じゃ、それは後で」

検査は、そのまま続けられた。

その後、着替えの済んだ私は診察室に呼ばれた。

「少しお金がかかりますが、私からの紹介状を持って、この病院へ行ってください。ここの先生ならきっと治してくれます」

思いがけないことだった。

「先生、私は　もう治らないと諦めています。この痛みとは、一生付き合っていくつもりですから………」

「あのね、あのような症状を見て医者として、ああそうですかと放っておけますか。この先生でもダメな時は、諦めるしかありませんが」

強引とも思えるが、気持ちのこもった院長先生の言葉に動かされた。紹介された病院を訪ねることにした。

痔の専門医であるその病院には、老若男女が日本全国から来ていた。長い時間待たされたが、その医師は、紹介状と私の状態を見てから、

「ベットが空き次第、手術しましょう」

と言ってくれた。

手術と入院に、３週間はかかるとのことだったので、夏休みを利用して３度目の手術を受けた。後で知ったが、痔の専門医としては、日本で屈指の名医であった。

退院後、最後の診察でその医師は、こう言った。

「きっと10年は大丈夫でしょう。私は大腸ガンを患っています。でも、後10年は頑張って生きています。また悪くなったら、もう一度手術をしてあげます。安心してください」

優しい声が、胸に響いた。

あれから40年以上になる。あの痛みを知らずに今日もいる。

医療の進歩を信じ

40歳を前にして1年間だけ学校を離れ、都立教育研究所の研究生になった。研究所の心身障害教育（今は「特別支援教育」と言う）研究室に、毎日通った。それまでの学校生活とは別世界と思える場だった。毎日、主任指導主事はじめ心身障害教育を専門とする指導主事4名と、これまた養護学校等で実践を積んできた2人の研究生と机を並べた。

心身障害教育の文献に目を通し、時に研修会に参加し専門的な講義を聴いた。そして、研究テーマであった『通常学級に在籍する障害児の学習の可能性を探る』ことに、研究室の全員で、議論を重ね研究を進めた。まだ、「特別支援教育」という言葉も、インクルージョンという考え方も普及していない時代だった。まさに先行的研究の色彩が強かった。

それにしても、障害児教育について門外漢であった私にとって、研究室のスタッフから聞く実践や教育観は、新鮮な驚きであった。併せて、私の無学さを思い知らされるものだった。

ティータイムで突然、「医療と教育の違いってなんでしょうね」と尋ねられた。思いもしなかった問いに絶句するだけ。また、ある時は、「耐性と自己表現のバランスが重要なの」というアドバイスに、理解不能におちいった。恥ずかしさと共に自信を失うこともしばしばだった。

そのような語らいで、ひときわ鮮烈に心に残ったことがあった。それは、指導主事のK先生から聞いたことだ。K先生が、まだ養護学校（特別支援学校）に勤務していた時だ。肢体不自由児として男児が小学部へ入学してきた。当初は、健常の子と変わらず動き回ることができた。ところが、半年もすると歩行が遅くなり、1年が過ぎると立つことも難しくなった。

筋ジストロフィーだった。年齢を重ねるにつれ、全身の筋肉が衰え、歩行も困難になり、車いす生活、やがて寝たきり、そして次へと進行していく。

K先生は、言った。

「人は成長を続け、やがてひとりの人間として生きていく。そのために教育はあるのに、筋ジスの子は、どんどん自立から遠ざかっていく。その子に、何を教えたらいいのか。どんな教育があるのか。私は、悩みました」

K先生とは、毎日研究室で顔を合わせた。だから、その実直さはよく知っていた。筋ジスの子を前にして、その子にどう接するべきか、苦慮するK先生の思いが胸に痛かった。返す言葉も私自身の気持ちを落ち着ける考えも浮かばなかった。帰りの電車で、つり革にしがみつきながら、

「学校は、子どもの未来のためにある。それなのにどうして……。その子に何ができる？」

その想いが、頭をくり返し駆け巡った。

しかし、時が過ぎ、周りにそのような子どもがいない環境が、そんな思いも迷いも、次第に心の奥へと置いてしまった。

ところが、校長として赴任した年の2月だ。教育委員会の担当者から、来年度、筋ジスの子が新1年生として入学すると知らされた。すでに、小中学校では学校選択制が始まっていた。その子の親御さんは、私の学校への入学を希望されたとのことだった。

突然、K先生の言葉が息を吹き返した。その子に、何ができるだろうか。次第に自由を失っていくであろう子に、学校はどんな対応が求められるのだろうか。どんな学びに努め

るべきなのか。さらには、そんなことより、この私に、その子をしっかりと見続ける強さがあるだろうか。筋ジスが進行する子を目の前にし、心揺れる担任を校長として支えることができるだろうか。私は、大きな不安ともいうべき、口には出せない動揺と自信のなさに見舞われた。

数日後、親御さんと面談することになった。お父さんは都合で見えられなかったが、お母さんは、私に一礼し、校長室のソファーに腰掛けた。

お子さんの病状と、これからやって来る障害について、淡々とお話になった。私は、教育委員会の担当者と一緒に、その揺るぎのない話し方に聞き入った。時折、お母さんの話す内容に胸がしめつけられ、息苦しさを感じた。だが、それに気づかれないようによそおった。

ひと通り聞き終えてから、私は誤解を恐れず質問した。それは、どんな動機で障害のある子にとって施設設備が不十分な本校への入学を選ばれたのかということだった。

「校長先生なら、うちの子の理解者になっていただけると思いました」

お母さんの返事は明快だった。だが、その時の私には、その言葉をしっかりと受け止める気構えも知恵も度量もなかった。

それでも、

「お母さんも、辛いことがあろうかと思いますが、学校もお子さんのために、努力を惜しまないつもりです」と。なに1つ対応に道筋が見えないまま、背伸びをし、お母さんを励ましたつもりだった。

すると、お母さんは私を見て、静かな口調で言った。

「校長先生、私は、医療の進歩を信じています。あの子が生きている間に、必ず医療は進歩します。私は、そう信じています」

暗い雲間が裂けて、一直線に太陽の光が地上を射ることがある。お母さんの言葉と一緒に、私に明るい一筋の陽光が届いた。

「分かった！」

おっしゃる通りだ。医療は進歩する。それを信じる。この子の未来のために、学校はある。入学してくる全ての子と変わらず、等しく教育活動を進めよう。そして、願わくば進行する障害をものともしない子にしよう。

私は、お母さんの物静かだが揺るぎない言葉に力をもらった。そして、自信を持って、その子を迎え入れることができた。

私が在任中に、歩行ができなくなった。お母さんが押す赤い車いすで登校するようになった。私は、毎朝玄関で迎えた。いつだって、2人は笑顔だった。

もう成人している。今は、どう過ごしているのか。時々心が騒ぐ。IPS細胞の山中教授が、「この細胞が医療で生かされる日を、一日でも早くと待っている人たちがいます。そんな方々の力になれるよう、努力を続けます」と。私の切なる願いである。

勝手にチャレンジャー!

伊達に居を構えてからは、「毎日がサンデー」。ダラダラと朝を過ごし、そのまま1日が終わるようで怖かった。だから、ジョギングを始めた。毎朝、決めた時間に決めた道をゆっくり走る。なら、ウオーキングでもよかったが、少し見栄を張った。自宅から3キロ足らずの周回を荒い息に汗だくで、スロージョギング。でも、気分は晴れやか。そのまま1日が過ごせた。

冬は、走れない日が続き、春が待ち遠しかった。そんな2月、家内とある店先で『春一番伊達ハーフマラソン』のポスターを見た。

「ハーフだけでないよ。10キロも、ほら5キロもある！」

思わず口にした。5キロのコースは毎朝ジョギングしている道と一部が重なっていた。「地元の大会だ！」「身近なコースだ！」。心が動いた。「5キロなら……」。でも、心細かった。強引に家内を誘った。

4月、家内と一緒に5キロの部に出場。いつもの道を少し速く走った。ゴール後、記録証を貰った。無性に嬉しかった。それを頭上にかざし、写メを撮り、すぐに息子らへ送った。

私は有頂天になっていた。その勢いのまま、知り合いなどいないのに、10キロの部の健脚たちを、拍手で迎えようと沿道に立った。

そこに、沢山のランナーに混じって、手首と手首を紐でつないだ視覚障害の方と伴走者が走り着いた。テレビの映像以外では、初めて見るシーンだった。ゴールした2人の後ろ姿を目で追った。素敵だった。互いの健闘をねぎらい、讃えあっているようだった。視力にハンディがありながら走りきった女性と、その援助をし続けた男性。2人の背中が「まぶしくてまぶしくて」。

そっと有頂天にしていた記録証を後ろに隠し、「なんか恥ずかしい！」と呟いた。

大会会場から自宅までの道々、「伴走者になりたい」と何度も思った。でも、私には無理。せめて、あの２人と同じ10キロを走りたい。身の程知らずと思いつつも、このままではいられなかった。

だから、あの日、私は紐で結ばれたランナーたちの『勝手にチャレンジャー』になった。

（『室蘭民報・随筆大手門』掲載に加筆）

こんな善意が

学校が夏休みになり、私の地域でもラジオ体操が始まった。家内と一緒に毎日参加した。顔馴染みになった子どもや大人と挨拶を交わし、一緒に体操するのは、何とも気持ちのいいものだ。

ある朝、パークゴルフなどで親しくしている奥さんの顔があった。挨拶と一緒に奥さんがひと言、

「今、日赤病院の花壇に水をあげてきたの」

初めて知った。活動的な方なので驚きは大きくなかった。でも、早朝のことである。

「それはそれは、早くからご苦労様です」

ねぎらいの言葉を返した。

「少しでも日赤や患者さんの役に立てば、それでいいの」

すぐにネットで調べてみた。数年前からその活動は始まっていた。10数名の『赤十字奉仕団』が、病院前に花壇用地を作った。5月に、そこへ花の苗を植え、綺麗に造園した。その後、水やりなどの維持管理を続けていると言う。メンバーに4名も知った名前があった。頭がさがった。


ボランティア活動で家内が知り合いになった方に、私の著書を進呈した。

「一気に読み、刺激を受けました」

彼は、そう言って10数枚の原稿用紙を持ってきた。

「私も、書いてみようと思いまして、機会があったら読んでみてください」

思いたったかのように、原稿用紙に文字が走り書きされていた。気持ちが先行し、飛躍がほうぼうにあった。でも、彼の人生を感じ心を熱くした。

その一編が、鮮明なまま記憶に残っている。彼は、ある年齢になった時、献血への協力を決意した。そのために、健康管理にも取り組み、献血の回数を重ねることを誓った。自分の血液が、誰かの役に立つ。ならば、できるだけ献血しよう。『献血功労』、そんな言葉を彼の原稿から知った。

「高齢のため、もう献血ができない」

そう悔やみながら、一文は終わっていた。

献血を10回重ねるごとに、ガラス器が贈られる制度がある。また、50回の方には賞状が。そして68歳までに100回を越えた方には、『有功章（ガラス器・金色）』が贈呈されることになっているとか。

実に恥ずかしいが、一度も献血に協力したことがなかった。ところが、少なくない方々が献血のために腕をまくり、協力を惜しまない日々を継続しているのだ。「いつか機会をみて」、そのくり返しのまま一歩も踏み出さずにきた。

私も献血のできない年齢になってしまった。私にでもできそうな『献身』があったのに……。

北海道は、多くの沿線道路の脇に、『交通安全』の黄色い旗が立ち並んでいる。私の市ではそれが住宅街の生活道路にもある。旗は、年に数回新しい物に変えられる。その交換作業は、専ら各地域の自治会担当役員が行っている。

風雨にさらされ、色あせた上に一部が千切れてしまった旗が、一斉に真新しいものに変わる時がある。ジョギングや散歩で、それに気づく。そんな時、町に活気が蘇ったように感じるのは、私だけではないと思う。

その旗についてだが、台風接近がしきりに知らされていた日のことだ。まだ強風にも雨にもなっていない昼下がりだ。窓越しに見える十字路の脇に立つ旗に、脚立が置かれた。それに上がり、旗竿にその旗を巻いている方がいた。テープでそれをしっかりと止め、脚立をたたんで立ち去っていった。台風への備えだと分かった。

その後、車で出掛けた。同じように旗竿に巻かれた旗を何本も見た。きっと同じ役員さんによる自主的活動だろう。嵐で旗が傷まないように、そんな心遣いに触れた。

そして、台風が去った日。ふと気づいて、窓辺から十字路を見た。案の定、旗はもう小さな風にはためいていた。やはり心ある人のすることは行き届いていた。

暮らしの身近に『善意』がいくつもあった。多くは同世代の献身だ。私にもできそうなことだが、その一歩がなかなか難しい。

数年前になる。市内と近隣市町の若いランナーたちが、『ガードランナーズ』という組織を立ち上げた。みんな市民ランナーである。

趣味で朝夕に、街中をランニングする。その途中で、子どもや年寄りに声をかけたり、手を貸したりすべき場面に遭遇することがある。でも、

「もし不審者と思われたら……」

そんな気持ちが、ついつい手助けの障害になってきた。

そこで、彼らは組織を作った。その取り組みが、『ガードランナーズ』と記したTシャツや腕章だった。警察にも届け、それぞれがランニング時に身につけることにした。不審者ではない。だから、堂々と子どもやお年寄りに声をかけられる。手を差しのべられる。

そんな取り組みを始めた。

若い市民ランナーたちの、純粋な意気込みに心が熱くなった。私は高齢ランナーだ。手助けするより、手助けされる側と思い、参加をためらった。

ずっとずっと心は漂っていた。

「腕章をつけて走ること……。それでいいならできるのでは……?」

周囲にあったいくつもの『善意』が背中を押した。今は、『ガードランナーズ』の腕章を巻いてジョギングをしている。

数々の『ことば』に

高校1年の時、生徒会の役員になった。1年先輩の女子役員から年賀状をもらった。そこに、「私の好きな詩です」と記されていた。

己の意思をもって

己の身をぶっつけ
己がために前進しよう
　何事にも左右されず
　何者にも迷わされず
己を知りながら
己を表しながら
己らしく生きていこう

この詩については、気恥ずかしくて誰にも語ってこなかった。当時の私は、他人のまねごとをするのが精一杯だった。だから、『己』という言葉が新鮮で衝撃的だった。私自身に歩み方や生き方を問いかける大きな糸口になった。

なのに、この詩をどこにも書き留めていなかった。常に心の奥底にあった。数えきれないほど思い返し、静かに反すうしてきた。2連目にはもう1行があったように思う。長い年月の間に、知らず知らず勝手に言い直した部分もあるようだ。

年齢や時々の感情で、心に響く箇所は違った。強い言葉の連なりに、赤面していた時代もあった。でも、私を励ましてくれた言葉である。

私に限ったことではないだろう。日々の暮らしには、時として、想像もしないような喜びや幸せ感が訪れる。それとは裏腹に、ただただじっと耐えることを強いられたり、踏み出すべき道さえ分からないまま佇んだりする時もある。社会という大きな波間での営み、人と人との関わりが織りなす一日一日、そこで人は、必ずや理不尽と思う場面に遭遇する。不条理さを強くする瞬間もある。そんな日々の狭間で、誰もが惑う。名言は、そんな私たちのために生まれ、人生の羅針盤として、心に生き残り生き続けるのだと思う。

40年の教職生活であった。不勉強と経験の甘さ、未熟な人間性が様々な壁になった。その壁を越え前へ進むのに、沢山の言葉から力を頂いた。「日々是好日」「行雲流水」「喫茶去」など、禅語に魅せられた時もあった。

それらとはやや趣が違うが、今も深く心に刻まれている言葉が2つある。

【漂えど沈まず】

稀代の小説家・開高健がよく使った言葉である。この言葉は彼のオリジナルではなく、フランス・パリが「ルテチア」と呼ばれていた中世の頃、町の標語だったものらしい。セーヌ川が氾濫しても嵐が来ても、俺たちは沈まないという当時の水上商人組合の心意気を示したものとのことだ。

この言葉について、開高健は、「男の人生をわたっていくときの本質を鋭くついた言葉ではあるまいか」と書き残している。男だからではないが、人としての重責を決して投げ出さない。そんな底知れない強さが、心を捉え、私の生きる道しるべになった。

【タフでなければ生きていけない
優しくなければ生きている資格がない】

アメリカのレイモンド・チャンドラー氏が書いたハードボイルド小説「プレイバック」で、主人公が言った名台詞である。

敵の少ない経営者と称された第7代経団連会長の平岩外四氏が、昭和五十一年東京電力の社長就任記者会見の席で、「座右の銘とか、好きな言葉は?」と問われた。その時、「座右の銘ではないが」と、前置きして取り上げた言葉でもある。そして、昭和五十三年角川映画『野生の証明』でキャッチコピーに使われ、一気に広まった。

私が、この言葉を知ったのは、40歳代の頃だった。管理職になってからは、机上の目に止まる所に書き置いた。

学校の管理職がおかれた現実は、平坦ではなかった。時として、前面に強さを求められることもあった。私は、そんなタフな日々に慣れることができなかった。精神的にかなり追い込まれた。その時、この言葉が目に止まった。まさに救世主の言葉だった。本物のたくましさの答えを得た思いだった。目の前に明かりが灯った。道しるべだと思った。心地よさささえ覚えた。管理職としての、いや人としての生き方を決めてくれた。

校長職を退き、重責からの解放感とは別に次の歩みへの心許なさを感じていた。新天地での暮らしへの期待感は大きいものの、その先がどこにつながっているのか見当もつかなかった。

移住直前のことだ。

「塚ちゃん、伊達に行って何するの？」

友人たちからは、代わる代わる訊かれた。

「行ってから決める。それが一番いいと思っている」

それで正解なのだが、私の答えにはどことなく信念のような強さがなかった。

そんな時だった。ＮＨＫのテレビ番組『プロフェッショナル　仕事の流儀』の『プロフェッショナルを導いた言葉』を観た。その道のプロ中のプロが、導き出した言葉を「ことばの力」として紹介していた。９名のプロフェッショナルが言う９つの珠玉の言葉であった。

第二の人生をヨチヨチと歩き始めた私に、その中から次の３つが、心許なさに「強さ」を与えてくれた。


【まだ、山は降りていない　登っている】

〈訪問看護師のパイオニア・秋山正子さん〉

46歳で余命３か月と診断されたガン患者さんがいた。無口で我慢強い性格。心のうちはもとより世間話もしない。看護師の秋山さんは、

「そろそろ山を降りているんだから、荷物をおろしたらどうかしら？」

声をかけた。その時、返ってきた言葉がこれだった。強い気持ちで癌と闘っている。人という存在の強さを知ったと彼女は言う。

私のこれからの歩みも、これだと思った。

【決まった道はない　ただ行き先があるのみだ】

〈野生動物専門の獣医師・齊藤慶輔さん〉

絶滅危惧種オオワシの調査のために行ったサハリンでのこと。トラックが泥道で何度も動かなくなった。

「ロシアは大変だね。予定通りにはいかないね」

運転手に声をかけた。すると、ロシア人の運転手が片言の英語で応えた言葉がこれだった。その言葉に齊藤さんははっとさせられたと言う。野生動物のおかれた現実は厳しい。しかし、だからこそ奔走する。進むべき道は、自分が作ればいい。

どんな道を歩むかではない。どこに向かうかが問われるのだと気づいた。これからの道は自らの手で作り出すんだ。濃い霧が晴れた。

【人は変えられないが、自分は変えられる】

〈絵画修復家・岩井季久子さん〉

岩井さんが絵画修復の仕事を始めた頃は、まだまだ女性の少ない時代だった。様々な軋轢に苦しみながらつかんだ言葉がこれだった。試練や壁は、自らを鍛え強くしてくれる。人生を良くするのも悪くするのも自分の考え方次第だと、岩井さんは言う。

現職時代に巡り会っていたかった言葉であった。今からでも、遅くはない。肝に銘じて新天地へ行こうと決めた。

3　あの日に魅せられ

9年目の涙

教職について9年目のとき、1年生担任になった。

その学級に自閉症のT君がいた。T君は言葉が少なく、いつもジッと席にいた。机にノートを広げてやると、勝手に電車の絵を描きはじめた。

「ダメだよ。お絵かきの時間じゃないよ。国語のお勉強ね」

電車の絵を辞めさせようとすると、突然大粒の涙をこぼした。そして、「お母さん、かえる。お母さん、かえる」と叫んだ。

この「お母さん、かえる」が始まると、私はもうお手上げだった。仕方なく、いつもT君の家に電話をした。幸い、学校の近くに住まいがあったので、5分もかからずお母さんは駆けつけてくださった。私はその5分間をただオロオロとしているだけで、T君の「お母さん、かえる」を止めることができなかった。T君に振り回される日が続いた。そして、いつも「お母さん、かえる」の言葉を恐れた。

しかし、次第にT君の思いが分かるようになり、少しずつ距離が縮まった。それでも、時折T君の願いに気づけず、大粒の涙と「お母さん、かえる」の大声に見舞われた。

2年生でもT君を受け持った。その頃になると、学級の子どもたちともT君はうち解けて過ごすことが多くなった。その日の休み時間も、T君は学級のみんなと校庭にいた。私は職員室で仕事に追われていた。突然、外からT君の例の泣き叫ぶ声がした。久しぶりの声に、体に力が入った。ところが、「お母さん、かえる」のはずが、「先生、かえる」に聞こえた。「まさか！」と校庭に走り出た。

「お母さん、かえる」じゃない。はっきりと「先生、かえる！　先生、かえる！」だった。私はT君のそばに走りより、いつもお母さんがしたように、T君のポケットから真っ白なハンカチを取り出し、大粒の涙をふきながら、「もう大丈夫だよ。もう大丈夫。先生がいるからね」。そう言いながら、私はボロボロと涙をこぼした。あの時、はじめて教職に魅せられた気がする。

（『室蘭民報・随筆大手門』掲載に加筆）

Yちゃんとの1年

　Yちゃんは、脳性マヒで右半身が不自由だった。右腕は、V字のまま脇腹近くにあって、自力では動かせなかった。右足は、つま先立ちの状態だったが、それを引きずるようにしながらも、歩行ができた。

　Yちゃんが入学した年の5月に運動会があった。その年の職員競技は、『借り物競走』だった。職員5人1組でスタートした。途中に置いてあるカードを拾い、そこに書いてあるものを借りて、ゴールするのだ。

　高学年担任だった私が手にしたカードには、「1年1組の子ども全員」とあった。児童席へ走り、1年1組全員を誘導してゴールした。無事にゴールインと思ったが、はるか後方で女の子が足を引きずりながら、ゴールに向かっていた。Yちゃんだった。1人置いてけぼりにしたことに気づき、Yちゃんに駆け寄った。不自由な手を握り、2人でゴールした。たくさんの拍手が聞こえた。それが、Yちゃんとの最初の記憶である。

それから4年後、Yちゃんは隣の学級にいた。5年生は2学級だったが、女性の担任の方が、Yちゃんにはいいだろうと配慮した結果だった。ところが、学級の雰囲気がよくなかった。明らかにいじめと思われる行為がくり返された。担任は必死で指導した。親御さんからは、たびたび苦情の訴えがあった。大きな改善が見られないまま1年が過ぎた。

そこで、校長先生は大きな決断をした。それは、6学年へ進級するにあたり、学級編制替えはしないまま、Yちゃんだけを私の学級に編入させることにしたのだ。当然、ご両親からの同意を得た。

6年生の初日、Yちゃんと一緒へ教室へ行った。

「この学級は、みんな仲がいいから、Yちゃんにもいいと思います。だから、今日からYちゃんはこの学級の一員になります。みんななら、Yちゃんと仲良くできると思います。よろしくね」

私の言葉に、どの子も表情がさえなかった。よそよそしさがあった。若干の不安がよぎった。だが、私の学級には、Yちゃんの幼友達がいた。もの静かだが、気配りのできる子だった。隣の席にし、Yちゃんのお世話を頼んだ。明るい表情でYちゃんに声をかけてくれた。Yちゃんは一瞬ニコッとした。

6月に2泊3日で宿泊学習『日光移動教室』が予定されていた。5年生の夏休みにあった宿泊学習は、不参加だったYちゃんである。今年は「何がなんでも参加させたい」と、私は意気込んだ。

しかし、3日間にわたる校外学習である。歩いての移動も多く、長時間であった。持ち物も多い。Yちゃんには介助が必要だった。当時、宿泊学習に介助員を派遣する制度はなかった。そこで、私は、親御さんに付き添いをお願いした。さらに、子どもが宿泊する区の施設に、特例として親御さんの同宿許可を求めた。校長先生は何度も教育委員会に出向いてくれた。

それまでの5年間を通し、親御さんには学校への不信感があった。それでも、私はくり返しYちゃんの参加を熱望し、協力をお願いした。出発の数日前、「仕事の都合が付いたので」と連絡が入り、お父さんの参加が決まった。

1日目、子どもたちは大きなリュックを背に、電車に乗り込んだ。その最後尾に、Yちゃんと2人分のリュックを背負ったお父さんがいた。朝、初めてお父さんと挨拶を交わした。

宿舎に着いた午後、計画通り『霧降の滝』まで行った。あの頃はまだ滝壺まで降りることができた。往復1時間はかかりそう。急傾斜を降りて、そこを登って戻る難コースだ。Yちゃんには、絶対に無理だった。

「この辺りで待っていてください。1時間くらいで戻りますから」

滝壺への降り口付近で、お父さんにそう伝え、私は子どもたちを先導した。危険を伴うコースに私は神経を使った。Yちゃんにはお父さんがついている。全く心配しなかった。滝壺で若干休憩を取り、今度は登り。きつい登りが続いた。その中間付近で、Yちゃんとお父さんに出会った。お父さんは、表情を変えずに、

「もう少し降りてみます。2人で宿舎に戻りますから、お先にどうぞ」

すっかり安心して、私たちは宿舎へ戻った。それから1時間以上が過ぎてから、2人は林道を戻ってきた。私一人が玄関で迎えた。

「滝壺、見た！」

Yちゃんの笑顔は初めてだった。ビックリする私に、これまたお父さんが明るく、

「娘が、見たいと言うもんですから」

「でも、登りは……」

口ごもる私に、

「おんぶしてもらった」

「そう、よかったね！」

突然、熱いものがこみ上げてくるのを必死でこらえた。

大人1人でも、あの登りはきつい。そこを、右腕が不自由な6年生を背負って……。「娘が見たいと……」。その言葉が心で響いた。

「先生、こんないい機会を頂き、ありがとうございます」

夕食の時、隣の席でお父さんが静かに頭をさげた。

「とんでもない。Yちゃんへの深い愛情に、私が励まされました」

涙がこぼれそうで私はその言葉が言えず、ただニコッとした。

2日目も3日目も、2人は楽しげだった。男子も女子も、そんな父と子が気になり、時折振り向いていた。

夏休みが終わり、半月程した頃だった。そうじの時間に、Yちゃんのお世話をお願いした子など女子数人が、職員室にいた私のところへ、物凄い剣幕でやって来た。

「先生、男子がY菌、Y菌と言って、Yちゃんが握ったほうきを使わないんです」

「そんなのやめてと言っても、やるんです」

「ほうきだけじゃないよ。Yちゃんの机も動かさないし、Yちゃんに近づかない子もいます」

「Yちゃん、すごくかわいそうです」

次々に怒りを訴えた。私なりに気にかけていたことだったが、気づいてやれなかった。

その日の帰り、全員の子を前にして私は話し始めた。

「Y菌と言って、Yちゃんを避けることは、良くない。……Yちゃんを含めて、仲良くしてこそ、いい学級と胸張れるのに……」等々、気持ちを込めて語りかけた。

そして、

「みんなが、Y菌Y菌と言って避けているYちゃんだけど、みんなと同じように、Yちゃんも、嬉しいとか楽しいとか、悲しいとか辛いとか、そんな心を持っているんだ。Y菌と言われ続けたYちゃんの気持ちを、想像してごらん」

そこまで話した時だ。学級の誰からも人気があり、信頼を集めていた男子のリーダーの一人であるN君が、突如挙手をして立ち上がった。私は話をやめた。全員がN君に注目した。少しの静寂があった。次の瞬間、N君は真剣な顔でYちゃんに体を向けた。

「Yさん、ごめんなさい。僕は、Yさんの心の中を考えないで、YさんをY菌と言いました。本当にごめんなさい。僕が悪い。本当に僕が悪い。もう決して言いません。Yさん、許してください」

N君は、両手を膝にあて、深々と頭をさげた。そして、しばらく上げようとしなかった。それを見て、次々と男子が立ち上がり、あやまりの言葉と一緒に頭をさげた。

私は、Yちゃんに近寄り、しっかりと目を見て訊いた。

「Yちゃん、みんなを許してあげてはどう?」

Yちゃんは、うなずいてくれた。私は、思わずYちゃんの頭をなでた。その後、「明日からのみんなを、信じるね」。それだけを言った。その日を境に、学級の雰囲気が変わった。

正月が過ぎ、卒業文集作りが佳境に入った。Yちゃんは、文字が苦手だった。何人もの友達から手助けを受けながら、自筆で自分のページを完成させた。多くはひらがなだった。

その作文には、こんな一文があった。

「わたしは、これからもみんなにやさしくします。やさしくすると、わたしもやさしくしてもらえるからです」

ある日の放課後、お楽しみ会のために色紙で輪飾りを作った。のりづけの作業が始まった。その担当になったYちゃんだったが、上手く作れなかった。机に向かったまま、手を止め、1人ポロポロと涙をこぼした。数人の女子が手を貸そうと近寄った。でも、「私の仕事だから、自分で作りたいの」。小声で言い切り、唇をかんだ。

1時間近くかけて、1メートルほど輪をつなぎ合わせた。机のところどころにのりが付いていた。同じ係の子が、Yちゃんの輪飾りを教室の真ん中に張った。

その場面と卒業文集の一文が、私には重なった。まだ30歳代の1年だが、その後の道しるべになった。

エンチョー先生！

毎月、幼稚園では『お誕生日会』があった。先生たちが工夫を凝らし、その会を企画した。5月の『お誕生日会』は、先生方で劇をすることになった。園長の私にも役が回ってきた。若い頃から劇が大好きだった。どんな役でも演じると楽しかった。だから、園児の前で劇ができることが嬉しかった。

出し物は『3びきの子ぶた』。私は、オオカミになった。お面を頭にのせ、怖いオオカミを演じた。

園児たちが、子ぶたに味方する反応を見て、どんどん怖さがヒートアップした。練習以上にアドリブを連発し、さらに怖い怖いオオカミを演じた。

そんな時、事件があった。実は、4月に入園した年少組に、集団生活に馴染めないBちゃんがいた。園内では介助員さんと2人で、園児らから離れ、別行動のことが多かった。

お誕生日会では、年長組と年少組がホールに集まった。大勢がいる。Bちゃんは、どれだけ誘ってもホールへ入ろうとしなかった。なので、介助員さんと年少組の教室にいた。

ところが、ホールから子ぶたに味方するみんなの声が、教室まで聞こえきた。ホールに行けずに涙を流していたが、その声が気になった。涙をふき、介助員さんと手をつないで、恐る恐るホールへ向かった。

ちょうどその時、私は『レンガの家』に苦戦していた。何度挑戦しても壊れない。オオカミの怒りは頂点だった。その真っ只中、Bちゃんがそっとホールのドアを開けて入ってきた。

完全に、私のミスだった。怒りの頂点を演じていた私は、勢いよくBちゃんの方を見た。そして、素早く両手を振り上げた。そこまでで止めればいいのに、Bちゃんへ「ワオー！」と大声を張り上げた。

突然、オオカミに対面した。その上、怖い威嚇だ。Bちゃんは泣き出した。急いで、介助員さんに抱きついた。泣きながらホールを出るBちゃんを見て、やり過ぎに気づいた。その後、オオカミは深く反省し、ションボリと舞台から降りた。

翌朝、Bちゃんはお母さんと元気に登園した。玄関でみんなを迎える私に、いつもはニコッとするBちゃんだが、一瞬怖い顔で私を見て、通り過ぎた。

以来2年余り、Bちゃんは次第にみんなと一緒にいる機会が多くなったが、一向に私へは近寄ろうとしなかった。

ところが、幼稚園を終え、小学2年になった時だ。Bちゃんは、特別支援学級が併設されている別の小学校にいた。初めてその学校を訪ねる機会があった。校門を抜け、校舎に近づいた。

その時だ。校庭の先にある学級園から声が飛んできた。

「エンチョー先生！」

声の方を見た。そこで大きくなったBちゃんが、笑顔で手を振っていた。

卒園式以来だった。それより、突然の声と笑顔と手を振るBちゃんにビックリした。思わず走り寄った。近づく私に、再び「エンチョー先生」と言ってくれた。

「元気ですか？」

私の問いかけに、「ハイ！」と返してくれた。

私はオオカミの失敗が許してもらえたようで、胸を熱くした。

鉄橋の電車

春の遠足で、2年生と江戸川河川敷にある花菖蒲園へ行った。目的地に着くと、口数の少ないN君が珍しくみんなの輪の中心にいた。やけに嬉しそうに手ぶりをつけて話し、周りの子どももその話に興味津々。

「ずいぶん楽しいそうだね。私にも聞かせて！」ちょっと探りを入れてみた。「教えてあげなよ」。周りの子からの声にN君はその気になった。

「ボクのお父さんね、電車の運転手なの。それで今日、菖蒲園のすぐそばのあの鉄橋を通るんだ。その時、ボクを見たら電車の警笛を鳴らしてくれるの。お父さん、必ず鳴らすって約束してくれたんだ」

N君のワクワク感も、子どもたちのワクワク感も伝わってきた。

「それって、いつ頃？」

思わず訊いてしまった。

「分かった。その時間になったら教えてあげるね」

はたして実際に鉄橋を渡る電車が警笛を鳴らしてくれるのか。誰もが半信半疑だった。

いよいよその時刻が近づいた。それを伝えにいくと、N君はすでに鉄橋の端から端までがよく見える所にいた。

「もうじきお父さんの電車が来るよ！」

N君はうなずくだけで、鉄橋から目を離そうとしなかった。徐々に子どもたちが集まってきた。みんなで鉄橋を見た。気づくと2年生全員がいた。先生たちもいた。

長い車両の電車がやって来た。鉄橋にさしかかった電車をみんなでジッと見た。全ての話し声が消えた。ガタンゴトン、ガタンゴトン、鉄橋を通る電車の音だけが大きく聞こえた。電車の警笛に期待がふくらんだ。その時だ。

『プゥーーン！』

河川敷に警笛音が響きわたった。一斉に歓声が上がった。みんなパッと笑顔になった。

そして、鉄橋をゆっくりと通過する電車に「オーイ！」と声を張り上げ、跳びはねながら思いっきり手を振った。

すると再び電車は『プゥーーン！』。興奮は頂点になり「すごいね！　すごいよ！」。たくさんの歓声と喜びが広がった。N君もとびっきりの笑顔。


（『室蘭民報・大手門』掲載に加筆）

好きな人がいます

テレビ番組『学校に行こう』で、学校の屋上に1人立ち、眼下にいる校庭の子どもたちに、自分の想いを叫ぶ、そんな中継録画が人気だった頃だ。

それと同じようなことを、私の学校で年に数回、朝の時間に行った。

「全校の人にでも、ある特定の人にでもいいです。みんなの前で訴えたいことや、叫びたいことがある人はどうぞ！」

事前に集会担当の高学年が呼びかけた。いつも20人くらいの子どもが名乗りを上げた。

屋上からは危険なので、3階にある体育館のバルコニーに主張したい子が立ち、大声で叫んだ。色々な訴えがあったが、強く心に残っているものがある。

4年生の男子だった。その子がバルコニーに現れると、校庭の全校児童から、「エーッ!」。驚きの声が上がった。

「あの子が、何か言うの⁉」「大声で叫ぶなんて、できるの?」

多くの子が同じように思った。確かに地味な子だった。校長として毎朝、校門で子どもたちを迎えていた。いつも背中を丸め、小さな声で挨拶し、私の前を通り過ぎる子だった。私も、意外な子の出現に驚いた。

彼は、3階のバルコニーに立ち、背筋をすっと伸ばして立った。開口一番に、全児童、全教職員が声を呑んだ。

「ボクには、好きな人がいます!」

静かになった校庭に向かって、彼は大声を続けた。

「その人は、いつもボクの友達に声をかけます。そして、楽しそうにお話をします。ボクは、いつもそばで聞いています。時々ぼくも笑います。楽しいです。その人はB先生です。ボクは、B先生が大好きです。だから、ボクのことも好きになってください。お願いします」

女性のB先生は、3月に大学を卒業し着任して半年余りだった。担任ではなく、算数の時間に彼の教室へ行った。まだ教師としては、なんの自信も持てずにいた。

突然、3階の頭上から子どもの声が降ってきたのだ。涙声の先生は、バルコニーに向かって叫んだ。

「ありがとう。すごくうれしい。私も大好きです!」

バルコニーの彼は、パッと笑顔になった。

「B先生、ありがとうございます」

笑顔のまま、彼はバルコニーから消えた。校庭では、大きな拍手が続いた。そして、両手で涙をかくし、かがみ込むB先生がいた。私はこみ上げるものをこらえ、明るい表情をつくった。

小さな遊園地にて

特別支援学級の子どもたちと都内の小さな遊園地に行った。園内ではどの子にも希望する乗り物を体験させたいと、先生らが付き添い小グループに分かれた。

さて、3年生のA君だが、どの乗り物を見ても首を横に振った。口数は少ないが意志は明確だった。誰が声をかけても、1つとして乗ろうとしなかった。とうとう校長の私と2人でベンチに座っていることになった。

次第に時間を持て余した。手をつなぎ園内をウロウロした。私が乗り物を指さし「乗ろうよ」と誘っても、A君は黙って通り過ぎた。

ところが、メリーゴーランドの横に、『動くハウス』と書いた小さな家の形をしたものがあった。ドアが開いていた。2人でのぞいた。中には長椅子が向かい合っていた。壁には大きな花の絵があり、明るい感じだった。A君はその部屋に入った。

「これがいいの?」

A君はうなずいた。手をつないだまま並んで腰かけた。

しばらくして、数人のグループが向かいに座った。すぐにベルが鳴りドアが閉まった。部屋は左右に動き出した。急に横にいたA君が手を放し私の前に立った。険しい目だった。何も言わず私をたたき始めた。ハウスはだんだん大きく揺れた。私は座ったまま上体を動かし突然の攻撃をさけた。前の席から「A君！　やめなさい」「座りなさい」と声がとんだ。でも、ハウスの動きが止まるまでA君はやめなかった。

私は分かった。動くなんて思ってなかったのだ。なのに部屋が動き出した。「こわい！」「動く乗り物って言ってない！」。私が憎くなった。

その後、動きが止まったハウスを出ると、A君は急に大声を出して泣いた。肩がブルブル震えていた。

「お家、動くよって言えばよかったね」

私は何度も言った。A君は小さくうなずいてくれた。

しばらくして、私たちは再び手をつなぎ、最初のベンチへ戻った。泣きやんだA君が座りながら、私の目をのぞき込んで訊いた。

「動かない？　動かない？」

「動かないよ！　動かないよ！」

そう答えながら、今度は私が泣きそうになった。

（『室蘭民報・随筆大手門』掲載に加筆）

私のお母さんが

平成になってすぐ、社会はグローバル化へ進んだ。それに呼応して国際理解教育が注目されるようになった。教頭として着任した小学校は、国際理解教育の先進校だった。と言っても、国際理解教育の方向性は、はっきりとは定まっておらず、先進校としての実践も手探り状態が続いていた。

着任して3年目、試行錯誤の実践から1つの方向性が定まりつつあった。それが小学校での英語教育であった。時を同じくして、外国人講師の学校派遣が始まった。小学校では、『総合的な学習の時間』を利用し、英語に触れる機会ができた。だが、「どんな手立てで英語と触れさせるか」「何年生からが相応しいか」など課題もあった。

そんな状況の中、日常的に英語に親しむ機会をと、教頭の私は各教室や部屋の表示に、英語表記を加えようと思いついた。ところが、『1年1組教室』をどう英訳していいのか、

『職員室』は英語でどう表記するのか、私には全く分からなかった。

そこで、人捜しに奔走した。学校の全ての部屋名を英訳できる方を探したのだ。しかも、虫のいい話だが、英訳料などの「手間賃は無料」である。地元自治会やＰＴＡ役員さん、さらには各商店の店主さんに、人捜しを依頼した。学校便りでも『どなたかお力を！』と募集した。

数日後、ＰＴＡ役員さんが1人の保護者を連れてきた。そのお母さんは、最近まで国際線の客室乗務員をしていた。

「自信はありませんが、やってみます……」

お母さんの表情は固かった。とんだ依頼が舞い込んで困ったという気持ちが、表情から読み取れた。それでも、私は厚かましく押し切った。

「特に、急いでいる訳ではありません。時間があるときに、よろしくお願いします」

そう言いながら、全ての部屋の名前を記した一覧を、お母さんに手渡した。

数日して、そのお母さんから電話があった。

「すみません。教えてください。郷土資料室ってどんな部屋ですか」

そして、また翌日、

「理科準備室には、誰か先生がいるんですか」

次の日も、

「音楽準備室は、音楽の先生がいるんですね」

電話は、続いた。

「主事室には、誰がいるんですか。……どんな仕事をしているんですか」

お母さんの度重なる質問で、私は正確な英訳表記の難しさに気づいた。

2週間後、お母さんは、私が渡した一覧に似たものを持って学校に来た。そこには、各教室等の英語が記されていた。

開口一番、明るい表情で話された。意外だった。

「私、学校のこと、全然分かっていませんでした。こんな機会がなかったら、何も知らないまま、娘を通わせていたと思います。ありがとうございます。まだ気になるところがありますが、何人かのお友達にも見てもらって、これでいいんじゃないかと言うので、お持ちしました」

恐縮した。お母さんのご苦労がどれ程のものだったか、それを事前に想像もできないまま、依頼したことが恥ずかしかった。私にできたのは、お礼の頭を深々とさげることだけ。お母さんの明るさが、随分と私を救ってくれた。

早速、仕事の合間を縫って、各部屋の廊下表示を英語入りに作り直した。そして、誰もいない休日に、一気に表示替えをした。

英語入りの教室表示に、好反応を期待した。ところが、その変化に気づいたのは、わずかな子どもと職員。しかも、「アッ、英語が……」。その声は事実を告げただけで、興味も好感もなかった。ご苦労をおかけしたお母さんにも申し訳ない気持ちになった。私は肩を落とした。

数日後だった。廊下で3年生の女の子に呼び止められた。

「あのね、これ、私のお母さんが英語にしたんだよ」

まぶしいほどの笑顔で、英語入りの表示を指さした。

「そうなの！　あなたのお母さんだったの。お母さん、すごいね」

「ウン！」

女の子は、軽く跳びはねながら教室に戻っていった。そして、もう一度笑顔でふり返ってくれた。

あいさつぐらい

定番コースを6つに決めて、朝のジョギングを続けていた。その1つの後半は、腰折れ屋根の牛舎が点在する町外れだ。ようやくその辺りまで走りつく頃には、もう帽子もTシャツも汗まみれになった。そんな姿と荒い息の私が、よく似た顔の女の子とお母さんに出会うようになったのは、数年前のことであった。

ダラダラとした緩い上り坂の途中に小学校がある。校門を横目に6、7分程走ると、T字路。そこを左に曲がると、ビニールハウスと畑の平坦な道になる。そこでその母と子に初めて朝の挨拶をした。女の子は、真新しいランドセルを背負っていた。お母さんの手をしっかりと握り、足取りは重かった。私の「おはようございます」に下を向いたままだった。

「あいさつぐらいできるでしょ！」

通り過ぎた後ろから、お母さんの小さな声が聞こえてきた。まだ学校に慣れないのだろう。登校を渋っている様子が、ありありと伝わってきた。

だから、やや学校に近いところで出会った2回目からは、いつもと同じように荒い息だが、とびっきりの笑顔をつくり明るい声で挨拶をした。毎回、お母さんの手をギュッと握っていたが、次第に私に顔を向けてくれることも、挨拶を返してくれることも増えていった。

それから何回、2人とすれ違い挨拶をしただろう。お母さんの手を握っていない日が多くなっていったが、相変わらず2人での登校が続いていた。

女の子は、2年生になり、3年生の春を迎えた。その日も、ようやくダラダラ坂を上りきり、左に曲がった。相変わらず息が切れていた。前方を見た。一瞬、時間が止まった。なんと、女の子が1人で、真っ直ぐ歩いてきたのだ。遠くにお母さんの立ち姿があった。ふりかえることもなく、女の子はすいすい進んできた。体も大きくなったように見えた。頼もしかった。私は少しスピードを上げて、距離を縮めた。

「おはようございます！」

私より先に、笑顔の挨拶がとんできた。私はいつも通りを装い、明るく挨拶を返し、すれ違った。嬉しかった。

しばらく走り、お母さんを追いぬいた。いつもより明るい表情で挨拶をした。私の気持ちに気づいてなのかどうか、お母さんの顔がいつになく輝いてみえた。

名前もご自宅も知らない。月に何度かすれ違うだけ。

「久しぶりに会ったね」

お母さんが女の子につぶやいた声が耳に入った日もあった。すれ違うたびに、いつかは1人で登校してほしいと願っていた。それが、現実となった。その親子以外出会う人のいない道を、私はいつになく軽快な足取りで進んだ。

「女の子も、お母さんも頑張った。すごい！」

私が、励まされていた。

ねぇ　どうする

ジョギングから戻り自宅に着くと、まだ子どもたちの登校が続いていた。と言っても、我が家の横の通りを通学路にしている子は、10数人だ。ポツリポツリと緩い坂を下り、学校へ向かう。その中に、今年から1年生のA君とH君が加わった。A君は、体もしっかりとしていて、ランドセルがよく似合った。それに比べ、H君は背負ったランドセルが大きく見える小柄な子だった。

荒い息のまま通学路の交差点まで行ってみると、2人は、私がいる歩道へ、仲よく並んで向かってきたところだった。どんな話題なのか、楽しそうに話しながらの登校だった。

「おはようございます。行ってらっしゃい！」

私の声かけにも、2人はさほど関心はない。「おはようございます」と応じるものの、すぐに2人だけの会話に戻って通り過ぎた。

その直後だ。突然、A君が車道をかけ足で横切ったのだ。車道と言っても交通量は少ない。幸い1台の車も走っていなかった。でも、H君はすぐに叫んだ。

「そっちに行っちゃダメだよ。こっちにおいで！」

「大丈夫だよ」

「危ないから、ボク、行かない」

「Tちゃんも、こっち通るからおいでよ！」

H君は、しばらくじっと立ち止まった。

そして、次の瞬間だ。左右を見ながら、急ぎ車道に踏み出した。同時に、反対側のA君も、左右を見ながら、急ぎ車道に踏み出した。

2人は、左右を見ながら、車道の真ん中で鉢合わせだ。体がぶつりそうになるやいなや
「なんで、渡ってきたの？」

「なんで？」

「だって、おいでって言うから！」

「ちがうよ。そっちはダメって言ったよ！」

言い争いを始めた2人。幸い車の姿はない。でも、私は叫んだ。

「道の真ん中はダメだよ！」

2人はあわてて、また両側の歩道に戻った。しばらく、道を挟んで、お互いを見た。

「どうする？」

「……ジャンケンしよう！」

A君の提案をH君は受け入れた。私のすぐそばで、道をはさんで2人のジャンケンが始まった。横断歩道のないところで、道を横切ることは禁じられているはずだ。

「こんなところで、道を渡っちゃダメだよ」

私の忠告に、2人はジャンケンを止めた。

「ねぇ、どうする？」

「……まっすぐ行こう！」

「そうだね！」

2人は、右と左の歩道を別々に歩きだした。

「行ってらっしゃい！」

私の声に、悪びれた様子もなく、「行ってきます！」の声が返ってきた。

なぜだろう。その日は、明るい気持ちで一日を過ごした。

すげーぇ

少し体調を崩していたが、連休明けと一緒に朝のジョギングを始めた。

「無理をしないで……」「もうしばらく様子をみてから……」

家内に言われたが、5月の風と一斉に咲き始めた草花や樹木の道を、ゆっくりゆっくりと走った。道端の斜面を真っ黄色にタンポポが染めていた。その横を散歩する女性がいた。その姿がやけに素敵に見えた。やはり春なのだ。

そんな光景の中、中学校の横を通り過ぎた時だった。まだ真新しい制服の男子3人が、横並びでやって来た。楽しげに会話する姿が、青空によく似合っていた。

すれ違う間際、話し声が聞こえた。

「いくつぐらいだ？」

同時に、1人の子と目が合った。応じる必要などなかった。なのに、春の陽気がとっさに言わせた。

「七十二！」

余計なことを口走ったと、少し悔いたその時だ。すれ違った私の後ろから声がした。

「すげーえ。ぼくのおじいちゃんよりもだ。」

「俺のじっちゃんよりもだ。すげーぇ、すげー！」

急に恥ずかしくなった。振り向くこともできず、それまでよりも少し足早に走っていた。年齢を忘れ、照れていた。

いつまでも、心も体も弾んでいた。

4

雨上がりは青空

保育所ぐらしから

3歳の秋、私は様々ないきさつを経て、保育所デビューをした。その初日、みんなの前でスキップができなかった。なので、

『体全部の声をはり上げて泣きました。そして、「お家に帰る」と言って泣きやみませんでした。いつまでも泣き続ける私を、先生はとうとう家まで手をひいていってくれました。

「ほうら、お家には誰もいないでしょう。保育所に帰りましょう」

そう言う先生に、私はただうつむいて動こうとしませんでした。

私はひとり、誰もいない鍵のかかった玄関前で、母の帰りを待つことになりました。

先生は、小走りに帰ってしまい、涙をぬぐった私は、今にも雪の落ちそうな鉛色の空の下で、ひとり膝をかかえて、玄関前から動きませんでした』

（教育エッセイ『優しくなければ』より抜粋）

今さらだが、私の原点はここだと思う。新しいものにチャレンジする時に、必要以上に身構えてしまうことなど、失敗への恐怖心が並大抵ではないことは、この出来事があったからのように思う。

玄関前で母を待ち続け、涙も枯れてしまった昼過ぎ、ようやく母の姿を目にしたあの瞬間、大きく息をはき、体中の力が全部抜けてしまった。それは、今も体が覚えている。両親は、我が子を置きっ放しにした保育所に、怒ろうとしなかった。「特例での途中入所を取り消されては」と考えたからに違いない。理不尽さを不問にしたまま母は、

「明日は、途中で帰るって言わないんだよ」

私を温かく抱き寄せ、目を真っ赤にしてそう言った。涙はもう無いはずなのに、「わあぁ」と大声を出し、冷たい体で母につかまった。

翌日から、なかなか保育所に行こうとしない私を、小学生だった姉が強引に連れていった。母に言われたとおり、二度と途中で帰ると言い出すことはなかった。

3歳から6歳まで、当時としては長い保育所ぐらしだった。あいまいだが、時折思い出すエピソードがある。いずれも、私の何かを形成する動機になっている気がする。

＊

当時、保育所に通う子どもが、何人いたのか知らない。毎朝だったと思うが、遊戯室に全員が集められ、朝会のようなものがあった。年々、その列の位置が右から左に移り、年長になると一番日差しがいい場所に並んだ。早くそこに行きたかった。体が小さかった私は、いつも前の方に並んでいた。だから、後ろにどれくらいの子がいたのか知らなかった。

毎朝、所長先生が前に立ちお話をした。1つとしてお話は思い出せない。全く関心がなかった。ただ、「じっとしていなければ」と思っていた。ある朝、近くに立っていた子が隣の子と言い合いを始めた。すると突然、所長先生が怖い声で「お話を聞きなさい！」と2人をにらんだ。私は縮み上がった。そんなことがあって以来、お話が終わるまでただただ固まる日が続いた。

所長先生は、いつも黒いスカートをはいていた。金縁メガネをかけ、長い髪を後ろで一つに束ねていた。背筋をすっと伸ばし、メガネと同じ色の金歯を時々見せながら、お話をした。笑った顔など見たことがなかった。

ところが、ある日、怖い怖い所長先生が、おやつにドーナツを作ってくださると聞いた。当時は、まだ食料事情が厳しい時だった。私はドーナツを知らなかった。先生や友達の話を総合し、砂糖のついた甘いお菓子で、輪っかの形をしたものだと想像した。

午後、所長先生が遊戯室の隣の調理室へ入っていった。その日、私は内遊びだった。数人の友達と、恐る恐る遊戯室からガラス戸越しに調理室を見た。怖い顔の所長先生が、大きな丸い入れ物で粉をねった。それを、ちぎって丸めてから、真ん中をくりぬいた。

「あれ、ドーナツだ！」

友達が指さした。

所長先生は、油の入った鍋に輪になったドーナツを次々と入れた。沈んだドーナツが、きつね色になって浮かんできた。私は、ジッと油に浮かぶドーナツを見た。その時だった。調理室の所長先生が、私たちの方に顔を上げた。メガネの縁がキラッとした。怖いと思った。一歩下がった。息が止まりそうになった。

突然、所長先生がニコッとした顔をした。口元の金歯が見えた。笑った顔を初めて見た。油の鍋からきつね色のドーナツを箸ですくい上げ、私たちにかざして見せた。やさしく微笑んだ顔だった。また、息が止まりそうになった。

おやつの時間、きつね色のドーナツには砂糖がいっぱいついていた。1つずつドーナツが配られ、声をそろえて所長先生にお礼を言った。所長先生は、いつもの怖い顔に戻っていた。でも、はじめてのドーナツと一緒に、調理室の所長先生の顔が、心にしっかりと刻まれた。

6歳で保育所を去る日、所長先生は相変わらず怖い顔で、修了証を私に差し出した。ドーナツの日を思い出し、ニッコリとしてそれを受け取った。目と目が合った。一瞬、所長先生の顔が、ドーナツの日と同じに見えた。

今、『ミスタードーナツ』へ行くと、所長先生を思い出す。人は優しいんだと信じた最初の一歩だったのかも……。

＊

クリスマス会なんて、前の年までなかったのに、急に遊戯室にクリスマスツリーが飾られた。「トナカイがひくソリに乗って、明日サンタさんが来ますよ」

先生は明るい声で言った。それまで、クリスマスという言葉さえ知らなかった。

「遠い国から、真っ赤な服を着た白いヒゲのサンタクロースが、大きな袋に沢山のプレゼントをつめてやって来るんだ」

近くにいた子が、得意気に教えてくれた。

次の日、保育所の全員が遊戯室に集められた。クリスマスの曲らしい音楽が流れ、いつしか鈴の音と一緒にサンタさんが現れた。近くの子が言った格好で重そうな袋を肩に、ふらふらしながら私たちのそばまで近づいてきた。何やら不思議な言葉を遣った。その言葉と真っ白な長いヒゲから、遠い遠い国の人だと思った。

私の心は普通でなくなった。一人一人に分からない言葉で、プレゼントを渡してくれた。嬉しかった。わざわざ来てくれたんだと思うと、さらに喜びが増した。サンタさんもクリスマスもいっぺんに大好きになった。

やがてサンタさんが帰り、会は終わった。その後、全員で記念写真を撮ることになった。用意されたひな壇にみんな座った。私はたまたま最前列の一番端になった。そして、私の横に椅子が一脚用意された。帰ったはずのサンタさんが現れ、そこに座った。私は、混乱した。

そして、さらに混乱は続いた。先生がサンタさんに小声で言った。

「今日は、ありがとうございます。子どもたち、大喜びです」

すると、サンタさんが私にも分かる言葉で、

「それはよかった。うまくいきましたね」

その後も、2人の会話はしばらく続いた。

私は、ビックリして2人の顔を交互に見た。そして、気づいた。白いヒゲで覆われたサンタさんの顔に見覚えがあった。声も聞き覚えがあった。よく行く「酒屋のおじさんだ！」

急に胸の膨らみがしぼんだ。「先生のウソつき！」。小さくつぶやいた。


（『室蘭民報・随筆大手門』掲載に加筆）

真相は

小学校入学当初から引っ込み思案で口数の少ない方だった。臆病で失敗を怖がった。そんな私に、追い打ちをかけるような出来事があった。辛い記憶をたどる。

1年生の秋に学芸会があった。今と違って、出演できるのは先生が選んだ子だけだった。当然私はその対象外。

当時、私の小学校には体育館がなく、近くの公民館のような所が会場になった。今思うと、保護者が学芸会を見る日は、出演する子以外は学校がお休みだったようだ。私も休みのはずだった。ところが、学芸会の前日のことだ。休み時間に、教室でポツンとしていると、担任のT先生が寄ってきた。

「あのね、明日の学芸会で『はじめの言葉』を言ってもらいますからね」

ニコニコした顔で、私の耳元で言った。

その日の放課後、学芸会の会場で設営の準備があった。私は、そこで忙しく動き回るT先生の後ろを急ぎ足で追った。

「お父さんお母さん、学芸会に来てくれて、ありがとうございます。これからN小学校の学芸会を始めます。どうぞごらんください」

T先生の口まねをして、その言葉をくり返しながら後ろをついて回った。先生と私だけの特別の時間だった。楽しかった。

その言葉の全てをおぼえた頃、準備が終わった。舞台の周りに先生たちが集まった。私は、ゆっくりとマイクの前に立ち、お辞儀をしてからおぼえた言葉を言った。

「明日も、その調子でね」

別れる時、T先生は翌日の集合時間と公民館前の待っている場所を教えてくれた。時間も場所も、他の1年生とは違っていた。

その日の朝、母は「こんな服しかないよ」と言いながら、洗い立てのシャツと半ズボンをタンスから出してくれた。

私は、他の学年に混じって、集合場所になっていた公民館の前庭に行った。約束の時間が迫ってきた。胸がドキドキしていた。

一緒にいる他の学年の出演者たちが呼ばれ、公民館に入っていった。『はじめの言葉』が迫っていた。そこで待った。だが、いっこうに私は呼ばれない。時間が過ぎていった。それでも呼ばれない。やがてドキドキは消えてしまった。

きっとT先生は、私がいないと思っているのだ。集合場所を少しだけ変えてみた。公民館に向かって、胸を張って立った。

「先生、ぼくはここですよ」

大声を張り上げたかったが、できなかった。

やがて、別の学年が集まってきた。そして、公民館へ入っていった。最初の学年が出番を終え帰っていった。私の『はじめの言葉』がないまま、学芸会が進んでいったことを、小さいながらも推測できた。それでも、T先生との約束通り、集合場所から離れなかった。いつまで経っても、誰も私に近寄ってこなかった。私は、公民館の庭にしゃがみ、土いじりをしながら、先生との約束を守り続けた。

どのくらいの時間、そこに居続けたのか。長い時間の末、「こんなことを待ちぼうけって言うんだ」と思った。急に涙がぼたぼたと地面に落ちた。いっぱい涙がでた。昨日のT先生との楽しい時間がウソになった。そのことで心がいっぱいになった。それが涙になった。

その後、私はしっかりと立ち上がって公民館をにらんだ。

「こんなことで負けない！」

家までの道々、何度も何度もそうつぶやいた。

「ボクのはじめの言葉、なかったんだよ」

夕食の時、そう伝えても、父も母も学校に問いただそうとも、怒りをあらわにしようともしなかった。きっと、何かを察していたに違いない。子どもの私は、真相を誰かに問うこともできず、そのまま過ごした。「こんなことで負けない！」だけが心に残った。

初めての温泉&グルメ

初めて温泉に入ったのは、小学2年の春だったと思う。両親と5歳違いの姉と一緒に登別温泉に行った。どうして、そこに行くことになったのか。なぜ、兄たちは一緒じゃなかったのか。その経緯については憶えがない。

とって置きのワイシャツを着せられて出かけた。徒歩で30分の東室蘭駅から汽車に乗った。4駅目の登別駅で下車した。私は母の手をギュッと握り、慣れない鉄道の旅に緊張しながら改札口を抜けた。もうとっくに時効だから正直に言うと、緊張の理由がもう一つあった。それは、体が小さかったので、幼児と偽って無賃乗車をしたからだった。

駅前から、登別温泉行のバスに乗り替えた。最後尾の席に4人並んで座った。少し行くと道の両側に桜が咲いていていた。

「後ろを見てごらん。ほら桜のトンネルよ」

姉がバスの後ろ窓を指さした。私は後ろ向きに座りなおして、それを見た。バスが進んでも進んでも、満開の桜におおわれた道が続いた。

座席の背もたれに顎をのせて、ぼーっと見ていた。

「きれいでしょう」

姉の言葉を聞いて、きれいの意味を初めて知った。

やがて、バスは終点に着き、乗客はみんな下車した。通りの両側には、温泉宿や食堂、おみやげ屋があった。たくさんの人で賑わっていた。私たちは、その通りの一番奥にある

『第一滝本館』を目指した。日帰り入浴ができた。

昭和30年代のことである。脱衣室は別々だが大浴場は混浴だった。ものすごく広くて、天井の高いお風呂場だった。白い湯気で奥まで見通すことができなかった。大人や子どもの色々な声が響いていた。

私は、その巨大さと喧騒にすっかりおじけづいた。だから、入り口付近の浴槽に体をつけただけで、初めて見るプールに近寄ることもなく、逃げるようにして脱衣室に戻った。父が駆け寄り、「せっかく来たんだから、ゆっくり入りなさい」。手を引かれ、もう一度入ったものの、大浴場の大きさにただ体を固くするばかりだった。

さて、『第一滝本館』を出てからである。遅い昼食をとることになった。通りに面したお蕎麦屋さんに入った。見ず知らずの人でいっぱいだった。隅のテーブル席に座った。手ぜまで隣の席の人たちと体が触れそうだった。

私には、刻みのりがのった蕎麦がきた。食べ方がよく分からなかった。母に、食べ方を訊こうと思った。その時、急に迷った。私はいつもと違っていた。普段、「母さん」と呼んでいた。ところが、初めての温泉だ。しかも、こんなにぎわいの中も初めて……。「母さん」じゃなくて、「お母さん」と言うのではないだろうか。躊躇してしまった。

小さな声で、姉の耳元に尋ねた。

「ねえ、母さんでいいの？……お母さんって言うの？」

「なに、言ってんのよ！」

姉の答えに心がしぼんだ。しばらく、下を向いたままだった。

「混んでるのよ。早く食べなさい」

湯上りの顔をした母が、たれの入った器に蕎麦を入れてくれた。私は、何も言わずに、それを食べた。

初めての温泉は、おじけづいた大浴場もさることながら、母をなんと呼んだらいいのか、そのためらいの場だった。

それから1年後、同じ様なことが再びあった。

あの頃、貧乏暮らしだった。でも、年に1回だけ父は兄弟4人を連れ、とびっきりの贅沢をした。母は着物姿、父はその日だけネクタイを締め、コードバンだと自慢する革靴を履いた。私たちも一番いい服で高級料理を食べに行った。それは長年我が家の年中行事だったらしいが、私の記憶は小学3年のその日が最初だった。

市内中心街にあったレストランへ入った。黒服に蝶ネクタイの男性が、店の個室に案内してくれた。真っ白な布の大きなテーブル席に、父から順に座った。最後は私だった。母の隣の椅子を引き、その男性は笑顔で私に言った。

「お坊ちゃん、どうぞこちらへ」

椅子に座りながら顔が熱くなった。頬が赤くなりうつむいて顔を隠した。

「今日は、洋食のフルコースだ」

父の落ち着いた声がした。ドキドキが続いていた。テーブルに、いくつものフォークとナイフが並んでいた。

「料理が次々と出るけど、慌てないで食べなさい」

父はそんな説明をしていたようだが、私は『お坊ちゃん』が耳から離れず、緊張の頂点のままだった。スープがきた。みんなのまねをして何とか飲んだ。次は、肉だか魚だか、平皿にのった料理だった。初めてフォークとナイフを使う。私は、どれを使うのかどう握るのか、誰かに教えてもらいたかった。料理を運んできたあの男性もいなくなった。家族だけの個室だ。遠慮なく訊けばいい。なのに、ここでは『僕はお坊ちゃん』なのだ。

私は勇気を出した。母の耳元に小声で、

「ねぇ、お母さん！　どのフォークとナイフ、使うの？」

母は、すぐに察してくれた。誰にも気づかれないよう、小声で「母さんでいいの」。すっと心が静かになった。大きな涙がボトッと落ちた。

その後、涙をこらえ洋食のフルコースを食べ終えたようだが、記憶は定かでない。だが、人生で1回だけ母を「お母さん」と呼んだ。それが初めてのグルメだった。

（『室蘭民報・随筆大手門』掲載に加筆）

美味しいねって

小学2年の秋のことなので、記憶は、強烈にそして鮮やかに蘇ってくる部分と、濃霧に包まれ曖昧な部分とが同居している。

その日も父と2人の兄は、母が私を起こす頃にはすでに仕事へ出かけていた。しかし、いつもの朝とは少し違っていた。姉は中学生で、母と私の3人で朝の食卓に座った。普段は物静かな母だが、今朝に限ってどことなく活気づいていた。

「何かいいことがあるの」

思い切って訊いてみたくなったが、

「いいから、早く食べなさい」

と、たしなめられるのが落ちなのでやめておいた。

「白菜のほかに、ゴボウ、大根、人参だね」

「そうそう、おとうふとコンニャクも入れようよ」

母と姉は、珍しく歯切れがよかった。料理のことのようで、ひとり蚊帳の外といった感じで、気分は良くなかった。

母の「いってらっしゃい」の弾んだ声に送られ、玄関を出た。学校へのいつもの道を少し行くと、オート三輪車とすれ違った。朝のこんな時間に車とすれ違うなんて、珍しいことだった。立ち止まって、その三輪トラックの後ろを目で追った。すると、私の家の前で止まった。運転していた人が、玄関に向かっていった。不思議に思ったが、家まで戻る気にはなれず、学校へ向かった。

その日の夕食のことは、鮮明に覚えている。家族6人で卓袱台を囲んだ。真ん中に鍋敷きがあった。そこに、両手鍋が置かれた。

「さあ、今夜はご馳走よ」

言いながら、母が鍋の蓋を持ち上げた。ゆげが上がり、いい匂いがみんなを包んだ。2人の兄が声をそろえて言った。

「うわっ、うまそう」

母が手際よく、順にご飯を配った。姉が鍋から具材を小丼に取り分け、一人一人の前に置いた。父の声かけで一斉に食べ始めた。

小丼には、今朝2人の明るい会話にあった野菜類やとうふ、コンニャクがあった。そして、2ツ3ツの肉のブツ切りも入っていた。私は、このことだったのかと納得しながら箸をつけた。野菜もとうふもさることながら、珍しく大きめに切られた肉が、たまらなく美味しかった。

「この鍋、美味しいね」

「よく出汁が出ている」

「なんぼでも食べなさい。まだ肉も野菜もあるからね」

「まだまだ食べられるよ」

夕食の会話は、いつになく弾んでいた。そして、おかわりがくり返された。

確か、醤油味だったと思う。柔らかな肉ととうふ、野菜類を交互に食べながら、ご飯が進んだ。私は上機嫌だった。思わず訊いた。

「この肉、美味しいね。こんな美味しいの初めて。なんの肉？」

すかさず母は言った。

「いいから。早く食べないと、みんなに食べられてしまうよ」

私は、年上の兄姉に負けじと、夢中になって食べ続けた。

当時、肉は貴重で高価なものだった。裕福でなかった我が家では、時々、カレーライスには肉の代わりに、当時は安価だったホッキ貝が使われ、たまらなく落胆した記憶がある。だから、その日の夕食は、いわば『最高のご馳走』だった。いっぱいお肉を食べた。満腹感で幸せな夜だった。

そして、翌朝のことだった。当時、我が家には5わのウサギがいた。南向きの出窓の下に、兄たちによるお手製のウサギ小屋があり、中は5つに仕切られていた。

5わのうち2わはアンゴラウサギで、春先には伸びた毛を切り、多少なりとも家計の足しになっていたようだ。残りの3わは、真白で赤い目をしていた。「ミミ」「トミ」「エミ」と呼んでいた。

2年生になってから、朝の餌やりと水の取り替えを、兄たちから言いつかった。ラビットフードのない時代だった。兄たちが、原っぱや学校の裏山からかりとってきたオオバコなどの草を餌にしていた。

その朝も、いつもと変わらず5わの餌になる草を物置から手提げカゴに移し、出窓の下の小屋に行った。2わのアンゴラウサギが跳びはねながら、金網で作られた入口の扉まで近づいてきた。いつもの朝と変わりなく、元気よく鼻先をヒクヒクと動かしていた。それぞれの小屋に、両手で二かかえ程の草を入れてやった。すぐにカサカサと音をたてて食べ始めた。

続いて、「ミミ」の小屋をのぞいた。ところが、そこに「ミミ」の姿がなかった。毎朝、小屋をのぞいても、「ミミ」だけは入口の扉まで来なかった。小屋の奥の方で、愛らしい赤い瞳でじっと私を見ていた。「ミミ、餌だよ」と草を入れ、扉を閉める。それを確かめるかのようにゆっくりとミミは餌に近づき、食べ始めた。それでも私が見ていると遠慮がちで、その仕草がひときわ可愛かった。

その「ミミ」がいない。不思議な思いで、「トミ」と「エミ」の小屋をのぞいた。もの音一つなく静まりかえっていた。

ハッとした。

数日前だった。小屋の前で、２人の兄がウサギ肉の美味しさを言い合っていた。「もしかして」と思うだけで、息が詰まりそうだった。信じたくなかった。

ゆっくりと家に戻り、台所にいた母の後ろ姿に訊いた。

「昨日の肉、うさぎなの」

ドキドキしていた。

「そうよ。美味しくて、よかったね」

母は、炊事の手を止めなかった。

勇気を出した。「エイッ！」とばかり尋ねた。

「ミミもトミもエミもいないんだけど」

「そうだね」

「昨日のは、ミミ？　トミ？　エミ？」

「ミミだって、言ってたよ」

「三輪トラックのおじさんが？」

「そうよ」

母は、一度も振り向いてくれなかった。

私は、もう一度ゆっくりと外に出た。風が冷たかった。後悔という言葉を知っていたら、それだったかも……。小2のあの時、私がどんな気持ちだったのか、思い出すことも、推測することもできない。しかし、無情な思いだったに違いない。

「みんなして、美味しいね、美味しいねって食べたんだから、それでいいんだよ」

姉が、私の背中をポンと叩いて、中学へ行った。

それから3か月後、冬の真っただ中。

「ようやく仕上がってきたよ」

母が風呂敷包みを開いた。

「あんたが好きだったミミの毛皮で作ったチョッキだよ。セーターの下に、これを着れば暖かいから」

母は、私を後ろ向きにすると、そのチョッキに袖を通させた。ミミの毛皮が、背中にフワッとしていた。母に顔を見られないようにしながら、突然の出来事に何度も大きくため息した。涙が出そうになった。ミミの肉の味を思い出した。

だが、その冬も次の冬も、その次の冬も、ミミを背中にして毎日を過ごした。一度も風邪をひかなかった。

兄たちは、また小さなウサギを飼い始めた。私は、しばらく小屋には近づかなかった。小学生の間は鶏肉が出ると「うさぎじゃないよね」と訊いた。

それぞれの「正しさ」

5年生を担任していた時だ。給食には必ず牛乳がついた。三角パックではなく、牛乳ビンだった。ビンの口は紫色の薄いビニールと丸い厚紙のキャップでふさがれていた。トラブルは、この牛乳キャップだった。学級の男子の中で、そのキャップを使った遊びが流行った。机上に、それぞれ1枚ずつキャップを置き、順に爪の先ではじいて裏返しにする。うまく裏返ると、そのキャップはその子のものになった。その遊びを通して、より多くのキャップを手に入れることに子どもたちは躍起になった。

当然、負けの込んだ子は、新しいキャップがほしかった。毎日飲む自分のキャップだけでは足りなくなった。だから、給食後に集められたキャップの争奪戦が始まった。給食が済むと、教室の配膳台を囲みジャンケンをくり返した。やがてそれぞれの手中にキャップが収まった。

私は、その遊びに夢中になる男子を黙認していた。食後のキャップの奪い合いも微笑ましく感じていた。

ところが、騒ぎがおきた。給食が終わり、食器や残り物を載せたワゴン車を、廊下の所定の場所へ移動を終えた後だった。大ベテランのS先生が、厳しい表情で私の教室に入ってきた。後ろに数人の男子がいた。S先生は、給食主任をしていた。給食の残量等を調べに、ワゴン車の置き場へ行った。そこに牛乳キャップを集め、ポケットに入れている子どもたちがいた。

「何してるの！」

S先生は語気を荒げた。子どもの1人が平然と答えた。

「牛乳キャップを集めています」

「やめなさい。それはゴミですよ。だから、まとめて捨ててます」

「僕たち、牛乳キャップを集めて遊んでるの」

「汚いでしょう。ダメです。やめなさい」

「でも」

子どもたちは、ポケットからキャップを出そうとしなかった。

S先生は、教室にいた私を見るなり言った。

「この組では、どんな遊びをしているんですか。牛乳キャップを遊び道具にしていいのですか。すぐに、止めさせてください！」

私は、S先生の剣幕に押され、頭をさげた。

「すみませんでした」

S先生の姿が、教室から出ていくまで、渦中の子どもたちは少し離れた所から私をじっと見ていた。

「さあ、掃除をはじめなさい」

それだけを言った。理不尽な思いが心に残った。でも、気づかれないように平静を装った。

翌日から、男子はキャップ遊びをしなくなった。

「教室の中でなら、いいんだよ」

そう言う私に、

「でも、先生に悪いから」

少し寂しい顔をしていた。

＊

K君は、幼稚園の年長さんだった。園で一番足が速いことは、みんなが知っていた。

運動会が近づいたある日、年長さんを4グループに分けて、リレーの練習をした。

「K君は、赤組のアンカーね」

担任のY先生が指名した。

「K君がいれば、絶対に優勝だ！」

赤組のみんなは大喜びした。K君も期待に応えようと張り切った。

いよいよスタート。4つのグループは、その色の『輪っかバトン』を握って一斉に走り出した。一人一人が園庭1周を走る。最初の1人目も2人目も接戦だった。大声援の中で、リレーは続いた。

ところが、その後赤組にトラブルがあった。バトンを落とし立ち止まる子が出た。途中でころんだ子もいた。K君は、そんな子に大声を張り上げ励まし続けた。ついにアンカーのK君にバトンが渡った。その時、すでに他のアンカーとは半周もの差がついていた。

K君は、あきらめていなかった。全力で走り出した。園庭を半周すぎたところでゴールを見た。もう3グループともゴールして喜び合っていた。悔しさがこみ上げ、K君は急に走るのを止めてしまった。ふて腐れたように歩きだした。涙が出てきた。

みんなはそんなK君を見て、大きな声で「ガンバレ、K君」と声援を送った。その声に力を得たのだろう。K君は泣くのをやめて再び走り出した。園児たちは、そんなK君に今度は大きな拍手を送り続けた。ゴールが近づくと、K君の目からまた涙があふれた。涙をしゃくり上げながら、ゴールを走り抜けた。思っていたゴールシーンとはかけ離れたリレーだった。

ゴールのそばにいたH先生は、K君に歩み寄りギュッと抱きしめてあげたかった。K君がかわいそうだった。K君の気持ちを想い心が震えていた。再び走り出したK君をすごいとも思った。

ところが、H先生が歩み寄るその前を、担任のY先生が横切った。Y先生は、泣きじゃくるK君の片腕をつかみ、園庭の隅に連れていった。Y先生はとても厳しい表情をしていた。途中で走るのをやめて、歩きだしたことを叱ったのだ。

＊

今日も、どこかの学校や幼稚園で、この2事例に類似したようなことが、繰り広げられているだろう。それぞれの先生の子どもを想う気持ちに偽りはない。だから、それぞれの「正しさ」を受け入れたい。一人一人の先生の「私の正しさ」も、それぞれの「正しさからはみ出したこと」もあるがまま受容したい。それが指導の豊かさや教育活動のしなやかさに通じると私は信じている。

信じてもらえない

教職を退く直前、3・11があった。東京は、全線で電車が止まった。なので私の小学校も避難所になった。日暮れとともに、帰宅が困難な人たちが次々とやって来た。職員総出で対応した。初めての経験だった。水と非常食、毛布を配り、校舎内へ案内した。

一晩中情報は錯綜し、その信ぴょう性を推し測りながら、その場を切り盛りした。難しく不確かな局面が、ずっと続いた。

その最中、チョットした事件があった。10時頃だった。制服の女子高生が1人、職員室のドアを開けた。厚手のハンカチで涙を抑え、無言で立っていた。入口そばの教員が近寄り、話を聞いてあげた。その事情はすぐに校長室の私にも届いた。

下校途中、女子高生が乗っていた電車も止まった。駅前の大型スーパーで復旧を待った。だが、その店も閉まり学校へ来た。その経緯は逐一自宅に携帯で伝えた。そこまではよかった。ところがその後、両親は難色を示した。

「H駅近くの小学校が避難所だから、そこに泊まるって言っても、信じてもらえない。誰のところに泊まるんだ！　って」

女子高生は私の前でも涙を流した。彼女の自宅に電話した。お父さんが出た。どこでも情報が混乱していた。

「お嬢さんを私共がお預かりしています」

校長と名乗っても半信半疑だった。仕方なく、学校の3本の電話番号を伝え、「いずれかに電話を……」と受話器を置いた。すぐ電話が鳴った。私の声を聞き、お父さんは安心した。その後、女子高生に替わった。その表情が次第に和らいだ。

全てが災害時の予期しない展開だ。我が子を案じる親心がどれ程か、十分理解できた。しかし、それに過剰反応し、娘に疑いを持った両親。そのことにさまよい涙し、職員室をノックした女子高生。彼女にとって助けを求める場所があった。初めての学校でも、職員室がそれだったことに、今も、私は安堵している。

（『室蘭民報・随筆大手門』掲載に加筆）

南吉ワールド　～原風景を訪ね

新美南吉の作品に心動かされはじめたのは、教職に就いてすぐだった。南吉が紡ぐ物語の様々な場面に共感した。巧みなストーリー性を生み出す彼のすごさとは別に、しばしば新美南吉という人そのものに、勝手に私を投影していた。

彼の作品にある「せつなさ」や「さみしさ」「優しさ」に心が騒いだ。私が奥底にしまっていたものを彼が描いてくれているようで、一つ一つの作品に震えた。私を力づけた。いつ頃からか、愛知県半田市にある彼のお墓に詣でたいと思うようになった。静かに掌を合わせる時が欲しかった。しかし、それをやらずに来てしまった。

平成28年3月1日、ようやく名鉄名古屋駅から急行で40分、知多半田駅に降りた。若干冷たい風であったが、この地の空に雲はなかった。駅前に街を案内する大看板があった。そこに大きく『山車と蔵と南吉の街　半田』と記されていた。そばの赤い郵便ポストの上には、キツネのマスコット（ごんぎつね）が置かれてた。それだけで、この街が南吉を大切にしていることが分かった。無性に、嬉しかった。

早速案内所に行った。頂いたパンフレットには、こんな一文があった。

『平成2年のこと、南吉と同じ岩滑に生まれた小栗大造さんは、ある壮大な計画を思い立ちました。「南吉がよく散策した矢勝川の堤をキャンパスに、彼岸花で真っ赤な風景を描こう」ただ一人で草を刈り、球根を植えるその姿に、一人また一人と手伝う人が現れ、やがてその活動は「矢勝川の環境を守る会」へと発展します。こうして現在では、秋の彼岸になると東西1・5キロにわたって300万本もの彼岸花が咲くようになりました』

堤が真っ赤に色づいた写真が誇らしげに載ったパンフレットを片手に、幸せな気分でタクシーに乗った。親切なドライバーさんだった。私の要望通り、南吉の生家、記念館、そしてお墓へと案内してくれた。大した知識ではないけれどもと言いながら、ガイド役もかって出てくれた。

父が畳屋、そして義母が下駄屋を営んでいた生家は、東海道の裏街道ともいわれる大野街道の分岐点にあった。南吉はこの店の前を通る旅人や物売りを眺めながら育ったそうだ。今は閑静な住宅地の一角だが、思いのほか道幅が狭かった。その生家の隅に、ひっそりとたたずむ石碑があった。『冬ばれや大丸煎餅屋根に干す』と刻まれていた。当時、隣が煎餅屋で、顔の大きさ程もあった「大丸煎餅」が名物だったらしい。屋根を見上げていた南吉の姿を想像した。そして、冬ばれの日に訪ねることができた幸運に感謝した。

次は、新美南吉記念館である。そこは、「ごんぎつね」の舞台、中山の地にあった。遠くには、ごんが住んでいたと言う権現山が、穏やかな稜線を見せていた。

予備知識がないままの来場だった。降車しても、記念館を見つけることができなかった。平成6年に開設したその建物は、全国コンペで選出された斬新なもので、隣接する童話の森にすっかりと溶け込み緑に包まれていた。他の館とは趣が異なるたたずまいに言葉をなくした。

半地下にある記念館の入口では、『この石の上を過ぎる小鳥たちよ　しばしここに翼をやすめよ』と、私の好きな詩集『墓碑銘』の書き出しが迎えてくれた。現代アート風に展示された南吉の世界。自筆原稿をはじめ、書籍、童話のジオラマ模型が、静かにその場にマッチしていた。ここでも、南吉は大切にされていた。

展示物の一つに目が止まった。丸く縁取られた額にこんな言葉があった。

『ナフタリンの匂いのする着物は
何かよいことがあるときにしか
僕の家ではきられなかったので、
僕の鼻は今でもナフタリンの匂いを
幸福の匂いと思っている』

昭和12年6月7日（23歳）の日記である。なんて繊細で素直な、柔らかな感性なんだろう。こんな瑞々しさがほしいと思った。この一文に接しただけで満たされた。

さて、最後は「北谷墓地」に眠る南吉の墓を訪ねた。周りの墓と変わらない広さであったが、墓石は立派なものだった。お父上が建立したそうだ。墓前に立つと、色とりどりの綺麗な花が手向けられていた。いつもお世話をしている方々がいらっしゃると説明を受けた。伺えたことの幸せと作品との出会いに感謝し、深々と頭を垂れ、しばらくの時間、合掌した。帰り際、墓地の脇にひっそりと六地蔵が並んでいた。そのまま立ち去ることができなくなった。

5　ずうっとにじんだまま

つい ニコッと

中学2年になってから、毎朝、Rちゃんが迎えに来てくれた。下校も一緒で、我が家の前で別れた。私にとって、初めてできた特定の友達だった。Rちゃんは、物静かで口数も少なかった。登下校の道々、さほど言葉を交わさなかった。それでも、Rちゃんのおだやかさが心地よくて、一緒にいる時間が好きだった。

1学期末の定期試験の時だった。私は自分の勉強不足を棚に上げ、試験のできの悪さにイライラした気持ちで学校を出た。通学路を少し外れた所に小さな沼があった。無言でその沼に向かった。平らな小石を拾い、水面めがけ水切りショットをした。石は1回だけ水面を跳ね沼に沈んだ。2度3度と繰り返した。何度やっても1回だけしか石は跳ねなかった。しばらくして、Rちゃんもカバンを置き、水切りショットをした。同じように石は1回しか水面を跳ねなかった。何回も同じだった。私は、すっかり試験の不出来を忘れてしまった。何故か1回しか跳ねないことに可笑しさがこみ上げ、2人そろって大笑いをした。

夏の終わり頃だった。Rちゃんの家に事件が起きた。会社勤めをしていたお父さんが、病気で大きな病院に入院した。数日して、10歳年上の兄が、どこから聞いてきたのか、「Rちゃんのお父さんは、癌で後1か月の命なんだって」

母と小声で話していた。胸がドキドキした。

Rちゃんのお父さんは、入院から3か月後に息をひきとった。母に「一緒に行ってあげるから」と言われ、私はお通夜にも、学校を早退しての告別式にも行った。2日ともRちゃんがすごく遠くに感じた。特に告別式は風の強い日で、Rちゃんはお父さんの遺影を抱いて、人混みの前に立っていた。私は沢山の大人たちの後ろの方にいた。Rちゃんが、小さく見えた。すごく可哀想で、唇をかみしめ必死で涙をこらえた。

横にいた母に、「近くに行って、顔を見せてあげたら」と背中を押されたが、一歩も動けなかった。小学3年の妹が、Rちゃんにぴったりと寄り添っていた。

「せめて、この強い風だけでも弱まってくれ」

私は、精一杯願った。

それから数日した朝、Rちゃんは、いつもと同じように迎えに来てくれた。その日、珍しく母が外まで出てきた。Rちゃんに、「いろいろと大変だったね」と声をかけた。Rちゃんは深々と頭をさげ、はっきりとした声で「ありがとうございました」と言った。Rちゃんに比べ、私はなんて子どもなんだろうと思った。

学校までの道々、私は何も言えなかった。ただ、ややうつむき加減で、並んで歩いた。

突然、Rちゃんが、

「癌だったんだ。知らなかったんだ」

兄と母の会話を思い出した。

「知っていたら、もっともっとお見舞いに行ったのに」

Rちゃんの言葉が心に刺さった。

「もっと、話を聞きたかった」

しばらくして、

「父さんのこと、俺、なんにも知らないんだよ」

肩を並べて歩くのがつらかった。

「知っていた人、いっぱいいたのに。誰か教えてくれたって……」

つぶやくような声だった。

目まいがする程の苦しさが私を襲った。Rちゃんを慰めたり、励ましたり、言い訳したり、私にはどんな言葉も思い浮かばなかった。Rちゃんから離れず並んで歩こう。それだけを思った。

その後、Rちゃんは何も言わなかった。次第次第に間近になった学校を見ながら、自分を責めた。兄と母のひそひそ話から、誰にも話してはいけないと思った。ただ、それしか考えなかった。

「知っていたら、もっとお見舞いに……」「話が聞きたかった……」の声が、くり返しくり返し心を襲った。

春休み、Rちゃんはお母さんの実家がある遠い田舎へと引っ越すことになった。もう二度と会えないだろうと思った。汽車に乗り込むRちゃんを見送りに行った。Rちゃんは妹の手をしっかりと握っていた。人との別れの悲しさを初めて知った。そんな胸の内を知られるのが恥ずかしくて、私は見送りにきた人たちの後ろの方にいた。

Rちゃんは、私を見つけて、ニコッと微笑んでくれた。

「Rちゃん、本当は僕、お父さんが癌だったこと、知ってたの。ごめんね」

そう言いたかった。それなのに、ついニコッと微笑んでしまった。

頼まれごとこそ

高校生になってから、彼の家へはしばしばお邪魔した。私と違って、彼は流行の先端を行っていた。ギターがあった。それを小脇に抱え、『禁じられた遊び』を弾いてくれた。流れるような旋律にうっとりした。ギターの楽譜本を譜面台に広げ、リクエストに応えてくれた。マイク眞木の『ばらが咲いた』を、弾きながら歌ってくれたこともあった。

まだカメラが珍しい時代だった。学校でイベントがあると彼はカメラで私たちを撮ってくれた。数日後、その写真を無料でみんなに配った。自宅に小さな暗室があり、そこで現像すると言う。まったく別世界のことのようだったが、一度だけその暗室で、現像する作業を見せてもらった。薄暗闇の中で、様々な薬品と器具を使い、幾つもの作業工程を慎重に行っていた。自由に引き伸ばして現像した写真が、液体の中から現れた時は、思わず歓声を上げていた。ギター同様、「独学だ」と言った。

その彼が、卒業後に選んだ道は、首都圏の小さな会社への就職だった。てっきり東京かその周辺の私立大学へ進むものと思っていた。

「大学で勉強なんて、性に合わない。それより、体を使って働くほうがいい」

就職先が決まった日の帰り道、彼はそうつぶやいた。あまりにも意外で、私は返答に困り、「そうか！」とだけ言った。

彼とのそんなやり取りがあった数日後の休日のことだ。突然、私の家に来客があった。ネクタイに背広と和服姿のご夫婦だった。父母と私が家にいた。狭い2間きりなので2人を招き入れると母は、私にどこか外にいるようにと言った。仕方なく、家の前の広場にあったシーソーに、腰掛けて待つことにした。

2人が彼のご両親だと気づいたのは、それから10数分後だった。我が家を出て、シーソーの前を通った2人に軽く会釈した。すると、立ち止まったおばさんが、私を見て「よろしくお願いします」と、ていねいに頭をさげた。その声と顔に見覚えがあった。

急ぎ、家に戻った。父も母も神妙な顔をしていた。母はやや高揚した表情で、

「あんたのことを頼ってきたのよ」

と言い、父はいつも以上に難しい声で、

「重たい役目だけど、ご両親の気持ちに応えてあげなさい」

子どもがいなかった夫婦は、1歳にも満たない彼を養子とし迎えた。それは、2人だけの秘密だった。高校卒業後、彼を大学へ進学させようと考えていた。しかし、突然家を出て働くと彼は決めた。秘密はいつかは彼にと思っていた。「ならば、この機会に！」とご両親は考えた。しかし、自らそれを切り出すことができなかった。

なぜ、その白羽の矢が私だったのか。父母は聞いてなかった。私も考えつかなかった。

誰にも相談できず、1週間ほど悩んだ。そして、誰もいない放課後の教室で彼と待ち合わせた。彼の両親が、きちんとした服装で訪ねてきたことから、父母を通して聞いたことを順々に話した。いつだって穏やかな彼だ。だから、私の話も最後まで静かに聞いてくれた。

「そんなことかもと思ったこともあったんだ。やっぱりそうだったか！」

やや気落ちした表情を、今も覚えている。

しばらく間をあけ、彼は私の目を見た。

「これからも俺の親はあの2人だ。でも、本当の親は誰なんだ。どこでどうしているんだ」

全てを言い終え、ホッとしていた私は軽く即答した。

「知らない！」

急に彼の顔色が変わった。あんな厳しい表情の彼を見たことがなかった。次のひと言は生涯忘れられなくなった。頼まれごとの難しさが強烈に心にこたえた。

「そんな大事なことも知らないで、俺に話したのか」

彼の胸の内を察した。当然の怒りだとすぐに気づいた。軽薄だった。

「ごめん！」

頭をさげることしかできなかった。

その夜、彼は私から伝え聞いたことをご両親に話した。そして、変わりない家族でいつまでもいた。

それから20年が過ぎた。久々に彼といっぱい酌み交わす機会があった。突然、小さい声で彼が、

「この前、本当の両親にはじめて会ったよ。お前、心配してるかなと思って」

彼と私の間ではずっとタブーにしていたことだった。

「ありがとう。……よかった」

私も小声だった。しかし、軽薄さを悔いる気持ちは消えなかった。

伯母さんの家へ

５年生を担任した時だ。６月の中頃、めずらしく転校生があった。朝早く、突然学校に来たらしく、職員朝会前に校長室で紹介された。見るからに寡黙そうなお父さんが一緒だった。すらっとした長い足の女の子で、これまたおとなしそうだった。名前の確認など、私のちょっとした問いかけに、首をふって応えるだけだった。

その日から、私の学級に加わった。今まで転校経験はなかったようだが、すぐに学級に溶け込み、女子のなかよしが数人できたようだった。学習の遅れもなさそうだった。いつも落ち着いた表情で、私の話もしっかりと聞いていた。自信がないのか、進んで挙手をすることはなく、自分の思いを言うこともなかった。きっと、もっと学級に慣れれば、手も挙げるだろう。「その内に、その内」。私は安心していた。

夏休みが過ぎ、9月末の確か月曜日だった。その子が、何の連絡もなく欠席をした。自宅には電話がなかった。2時間目まで連絡を待ったが、主事さんに自宅まで行ってもらうことにした。

3時間目の途中、主事さんが教室のドアをたたいた。息が切れ、若干顔色が良くなかった。玄関に忌中の知らせがあったと言う。近所の方から、「ご主人が亡くなった」と聞いたとのことだった。慌てて書類をめくった。なんと、お父さんと2人暮らしだった。

「あのお父さんが……」

その夜、校長先生と一緒にお通夜に行った。葬儀の場所は、自宅だった。古いアパートの狭い玄関の奥に、遺影が置かれていた。玄関先でお焼香をした。奥の間に、親戚の方だろうか中年の男女とあの子がいた。

手招きすると、外に出てきてくれた。私の問いかけに、1週間くらい前に様子がおかしくなり、救急車で病院に運んだ。そして、昨日、何も言わずに亡くなったと言う。入院している間は、一人で家にいたのだと。

きっと不安な毎日だっただろう。そして、今夜も……。胸がつまった。全く気づいてあげられなかった。

「そうだったの。大変だったね。……」

それ以上の言葉が、何も浮かばなかった。

翌日、授業をやりくりして出棺を見送った。近所の数人がその場にいた。昨夜と同じ3人が車に乗り込んでいった。

次の日、その子は学校に来なかった。かわりに、昼過ぎ、伯母さんという方が来校した。転校の手続きをしたいと言う。

「身寄りは私だけなので、引き取るしかないんです」

困り切った表情にも見えた。迷惑な事だという顔にも思えた。

転校の日を尋ねると、「今」と言われた。この足で、すぐ田舎に戻るのだと言う。私は、急いで転校の書類を整えて渡した。

その子とは、それっきり顔を合わせることもなく、別れたままになっている。今も悔いている。一教師として、その子を救う手立てなどないに決まっている。また、あの急展開の中で転校することになった子に、私の言葉など、どれくらいの励みになるか。全く力など持たないとも思う。しかし、教職にある者として、せめて心を込めた励ましのひと言くらいは、当然だったのではないだろうか。

あの時、5時間目が迫っていた。でも、授業を他の先生にお願いすることはできた。少しの時間でも、その子に会うことはできたはずだ。私の自己満足でもよかった。せめて
「頑張って！」のひと言を伝えるべきだった。

「困ったときには、連絡をするんだよ」

と、私の電話番号と住所くらいは手渡すべきだった。

どうして、その一歩を踏み出さなかったのか。今も心が痛む。

消息不明

伊達の暮らしに慣れた春、久しぶりに総武線の黄色い電車に乗った。車窓に流れる都会の景色は、北のどんよりとした冬とは違い、青空のもと、やけにまぶしく感じた。何度も紅梅に目が止まった。春の息吹きに羨ましいとつぶやいた。

さて、その黄色い電車からの眺めは、現職時代にくり返し目にしてきた。もう30数年も前のあの日から、総武線H駅のすぐそばの家並みを通過するたび、心を突き刺す出来事を思い出した。

異動してすぐに、5年生を担任した。教室で初めて子どもたちと対面した時、どの子も好奇な目で私を見た。その表情には、何となく暗さがあった。この先に不安を直感した。案の定、男子はよくケンカした。仲裁に忙しかった。女子は、3つのグループに分かれ、牽制し合っていた。和気あいあいとした雰囲気はなく、常に攻撃的な子どもたちだった。

蛇足だが、先生方も仲が良くなかった。職員会議でもセクトがあり、言い争いをくり返し、勢力争いもどきをしていた。大人がそうである。子どもに影響しない訳がない。

職員はともかく、私の学級の雰囲気を変えなくてはならなかった。様々な手立ての一つとして、宮沢賢治の『雨ニモマケズ』を教室の前面に掲示した。そして、その詩の素晴らしさなど何の説明もせず、私は下校指導の時間にこんな提案をした。

「この詩を、暗唱できないかな。今すぐでも明日でも何日かかってでもいい。暗唱できた人は、みんなの前で言ってみよう。言えたら、免許皆伝だ」

早速、教室の横掲示板に、『雨ニモマケズ免許皆伝』コーナーを作った。みんなの前で暗唱できた子の名前を、そこに掲示することにした。

翌日の帰り、暗唱にチャレンジする子が現れた。3人が免許皆伝となった。暗唱した子をみんなで拍手し讃えた。驚きと賞賛が、今までと違う学級の空気を作った。その活気は、翌日もその翌日も続いた。免許皆伝になった子を讃える。だから、どの子もそれを目指して頑張った。学級の雰囲気が変わるきっかけになった。

約2か月半が過ぎた。S君を除いて、みんな免許皆伝となった。

そのS君だが、口数が少なく、色黒で小柄な子だった。ずうっと、みんなの前で暗唱にチャレンジしなかった。学級の誰も、暗唱できないS君を責めたりしない。それでいいと私は見過ごしていた。

ところが、夏休みがあけ、2学期が始まってすぐだった。下校指導の時間、突然S君が手を挙げた。そして、一度も間違えず『雨ニモマケズ』を暗唱したのだ。それは、学級全員にとって驚きだった。長い大きな拍手が続いた。私は、すぐにS君の氏名を書いた札を、免許皆伝コーナーに貼った。満足そうな明るい顔のS君を見た。

11月下旬、個人面談で初めてS君のお父さんにお会いした。どんな事情なのか、父子家庭だった。お父さんは、仕事の合間をぬっての来校だったらしく、汚れた作業着姿だった。

「Sが、世話をかけて申し訳ありません。私と同じで、できが悪くて……」

人の良さそうなお父さんは、何度もそう言いながら、こんなことを教えてくれた。

「毎晩、『雨ニモマケズ』をくり返し私に聞かせたんです。免許皆伝ですか。その日は、うれしそうでした。ありがとうございます。あんな笑顔、私もうれしくて、先生！」

2度3度と頭をさげながら、お父さんは話し終えると、教室を出ていった。胸が熱くなった。誰にも何も言わず、モクモクと頑張っていたS君。『雨ニモマケズ』の最高の理解者だと思った。

そのS君が、行方知れずになったのは、6年生になってまもなくのことだった。欠席の連絡もなく休みが続いた。住まいを訪ねてみた。2階建ての木造アパートの1室だった。そこに人の気配はなかった。お隣さんがつい先日引っ越したと言った。S君からの連絡を待つ以外方法がなかった。

それから1か月が過ぎた頃だ。学級の子が、川向こうのH駅の近くで、S君を見たと言う。翌日から、自転車で大橋を渡り、夕方のH駅周辺を走り回った。何日かかっただろうか。随分とH駅周辺の道に詳しくなった。遂に、狭い路地をトボトボと1人歩いているS

君を見た。声をかけると、一瞬驚いたようだったが、すぐにいつもの顔に戻った。

「今、どこに居るの?」

「あっち」

私の問いに、指を差して応えた。

「つれてって」

S君は、うす暗い壊れかけた階段を上り、傾いたドアの前に案内してくれた。そっとドアを開けてみた。4畳半と小さな台所の部屋だった。薄くて汚れた布団と毛布が、そのままになっていた。急に部屋の窓が揺れた。総武線の黄色い電車が、すぐそばを通った。足の踏み場にこまるほど雑然としていた室内だった。辺り構わず雑誌や食べ散らかした物を1か所に寄せながらいろいろと訊いた。

急に引っ越すことになり、ここに来た。学校には、ずっと行ってない。時々お父さんが帰ってくる。夜は、一人でここで寝ている。ポツリポツリ、時間をかけて話してくれた。そして、昨日から何も食べてないと言う。何が食べたいか訊くと、ラーメンと応えてくれた。

「すぐに食べに行こう」

急ぎ靴を履こうとする私に、小声が返ってきた。

「でも、お父さんに叱られるから」

「そうか、じゃぁ、ごめんなさいって、先生が、お父さんに謝りの手紙を書いてあげる。それでいいだろう」

『とても心配していたこと、S君に会えて安心したこと、学校に連絡がほしいこと、そして今夜はラーメンを一緒に食べること、お子さんを叱らないで』

そんなことを手紙にした。S君は、安心したようで、私と一緒にラーメン店の暖簾をくぐった。

「どう、美味しい？」

箸を動かしながら、浅黒いS君の顔が明るくなった。今もハッキリとその顔を覚えている。

「うん、美味しい！」

あの時、私はようやく探し出したS君とのひと時に安堵していた。きっと深い事情があるのだろう。性急な解決よりも、お父さんからの連絡に期待しようと思った。だから、ラーメン店を出るとすぐ「また来るからね」。S君の肩に両手をやってから、学校へ戻った。

ところが、お父さんからの連絡は来なかった。1週間が過ぎた。これ以上待ちきれなかった。再び、あのうす暗い階段を、ギスギスと音をたてて上った。傾いたドアにカギはかかってなかった。そっと部屋を覗いた。食べ残しのすえた匂いが鼻をついた。誰も居ない。1週間前同様、汚れた布団と毛布、それに、足の踏み場に困る散らかりようだった。しばらく待ってみたが、仕方なく「連絡を待ってます」と、学校と自宅の電話番号を添えた手紙を、ドアに挟んで戻った。

再び1週間後に、うす暗い階段の先の傾いたドアの前に立った。私の手紙はそのままになっていた。

「S君もお父さんも、もうここにはいない」

それでも、数日後に再び訪ねた。何も変わっていない。何度も渡った大橋を、自転車をこぎながら学校に戻った。その日、川風が冷たく思えた。切なさと無力さを、必死にこらえた。あの日、S君を探し出したことが、不都合を招いたのだろうか。部屋の様子からは、全てを投げ出し、急いで姿を消したように思えた。事情を知らず、私は余分なことをしたのだろうか。

個人面談でお会いした人の良さそうなお父さんを思い出した。『雨ニモマケズ』を暗唱したS君、ラーメンをするS君、そして教室でのいつものS君が、次々と私を囲んだ。親子2人、人目をさけながら、どこで過ごしているのだろう。2人に、私ができることはないのだろうか。学校に戻ってすぐ、想いを教頭先生にぶつけた。

「分かりました。後は、校長先生と相談して、学校ができることをします。先生は、学級の仕事に戻って、頑張りなさい」

その後、S君についての情報は、誰からも何も届かなかった。

時折、消息不明の子どもの数が報道される。あの頃、S君もその1人になったのだ。まもなく50歳になることだろう。あの時、何もできなかった私。いや余計なことをしたかも……。

先日もそれを悔いながら、総武線の車窓からH駅そばのあの家並みに、頭をさげていた。

想いが至らず

何が理由で、私の隣で毎日を過ごすことになったのか、思い出せない。

冬休みがあけてすぐに、4年生の女子が学校に来なくなった。担任が毎日、家庭訪問をし、登校を促した。功を奏して、校門をくぐった。しかし、玄関先で体を固くし「教室には行かない」と泣きじゃくった。このまま帰宅させる訳にはいかないと、担任と養護教員そして教頭の私が、彼女を囲んだ。

その結果、どんなことがどう彼女の心を動かしたのか。とにかく、私と一緒なら学校にいると言うのだ。その日から毎日、職員室の私の隣で、彼女は過ごすことになった。

私は、日々職務に追われた。その忙しさの横で、彼女は教科書をひろげ、時には担任が持ってきたプリントやテストをした。給食も一緒に食べた。

担任や他の先生には、口数が少ないのに、私には、自分から進んで話しかけてきた。分からないところは、何の遠慮もなく質問した。時には急の質問に、手が離せない仕事で、しばらく待つように伝えると、少しすねたような顔を作って言い出した。

「今、教えて欲しいのに……、ケチ」

「すみません。ケチですよ。もう一度考えてみて頂戴！」

「そう言って、時間かせぎですね。分かってますよ」

言いながら、彼女は、再び教科書に向かう。そんなやりとりが、1日に何度もくり返された。職員室にいる先生方は、それを耳にして、目を丸くした。

そんな1か月が過ぎた頃、給食を食べながら、私は、さり気なく言ってみた。

「教室で食べてみたら……」

「そうしようかな」

翌日から、彼女は給食時間だけ教室に行き、元気よく、また私の隣に戻ってきた。

数日後、友達と約束したからと、体育の時間だけ授業に行くようになった。その流れは次第に加速し、3月初めには私の横からすっかり姿を消した。それでも、毎日欠かさず、下校の時には職員室に寄り、私と顔を合わせてから手をふった。まずはひと安心と思い年度末を迎えた。

ところが、4月、私は校長として異動になった。5年生になった彼女は、学級編制替えがあり担任も替わった。離任式の時、体育館で４００人の子どもの中にいる彼女を見た。目にいっぱい涙をうかべ、小さく手を振っていた。後ろ髪を引かれる思いがした。

しばらくして、彼女の担任から電話が来た。再び不登校になった。私と話がしたいと言っているとのことだった。数日後の夕方、彼女は担任と一緒に、私の校長室に来た。明るい表情でソファーに腰掛けると、彼女はしゃべり続けた。

「校長室で何してるの？」

「子どもは全部で何人いるの？」

「５年生は何人？」

「どうやって通ってるの？　電車？」

私に質問を浴びせた。そして、

「５年生はつまらない」

「話しにくい子ばっかり」

「Nちゃんもいない。Sさんも。I君も。なかよしは誰もいない」

次々と辛い現状を口にした。

私は質問に答え、聞き役に回るだけだった。あの職員室でのやりとりのような、会話の

キャッチボールがなかった。不安が大きく膨らんだ。それでも、

「いっぱいしゃべったから、明日から学校行くね」

そう言い残し帰っていった。

翌日、「約束通り登校しました」と担任からお礼の電話がきた。違和感があった。私は、彼女と登校の約束などしていなかった。気がかりだったが、その後の私は慣れない校長職に精一杯の日を送った。彼女のことは、時折思い出したが、目先の毎日に追い回された。

夏休み直前、彼女は転校の手続きをし、学校を去った。私が、それを知ったのは1年後だった。

悔いが残った。あの時、もっと心を開いてあげられたのではないか。気持ちを楽にしてあげる手立ては、きっとあったはずなのに……。もっと気楽に言葉を投げかけてあげれば……。そして、あの時「登校はいつになったっていいんだよ。」と、一言言えば……。

私は、彼女の胸の内を見誤った。どうしてもっと想いを巡らせなかったのか。

言えずに　合掌

母は、96歳で亡くなった。あと一息で１００歳だと思うと若干残念ではあったが、それでも、天寿をまっとうしたと納得している。

葬儀では、長姉の強い推薦があり、末っ子の私が弔辞を述べることになった。通夜の後、ひと晩かけて書き上げた文面には、『明治の女性であった我が母の一生は、ただただ子を想い、家族を案じる暮らしぶりでした』と記した。

そして、『時に人は、美しく老いることに憧れます。母の晩年は、そんな言葉がふさわしいものでした。80歳を越えてもなお、月に一度は美容院へ行き、髪を整えた母。まるで、文学好きの少女のように、目を輝かせ歴史小説を読みふけった母。毎日、朝刊に目を通し、社会の動静に一人心を痛めた母。「何もないけど、食べていってね」と、いつも甲斐甲斐しく人をもてなした母。私は、この年齢になった今でもなお、そんな母から多くのことを学んでいました』と遺影に語りかけ、一人の女性としての、そして母としての生涯に称賛と感謝を伝えた。

実母の弔辞など異例のことのように思うが、大勢の弔問の方を前に、舌足らずとは言え母への別れを伝えることができた。この上ない幸せを感じた。しかし、その弔辞でどうしても言葉にできず、悔いていることがある。それは、何を隠そう、母へのお詫びである。

いつの時代でも、子は親にいくつもの隠し事をする。そして、沢山の隠し事を抱えながら子は成長する。私も親には言わない、その時々の秘密を持ち、それを何とか密かにクリアーし、少年期と青年期を越えてきた。だが、私の悔いは、それらとは違った。

私は、父41歳、母40歳の時に産まれた。まだ、戦後の混乱期であった。すでに成人を迎えていた長姉は、母が身ごもったことを知ると、思わず口走った。

「そんな恥ずかしこと」

それだけ、当時として珍しい高齢出産だった。

私は、家庭の事情で3歳から保育所で育った。5歳の時だったと思う。毎月決まった日に納めていた保育料が、袋ごと保育カバンからなくなった。盗まれたものか落としたものか分からなかった。

今思うと、当時の母は更年期障害だったようだ。家事もせず家業も手伝わずに床に伏せていた。当時、月々の保育料は我が家にとって高額だった。母は、ふらつく体をおして、保育所に出向き所長先生と面談した。母は、ゆっくりとしたたどたどしい足取りで、保育所の壁に手をそえながら歩いていた。私は、遊戯室のガラス窓からそんな母を見た。いつも近くでしか見ない母の姿を、初めて離れたところから見た。弱々しいその足取りをじっと見て、涙がいっぱい溢れ出た。保育所の先生が、後ろから私をぎゅっと抱きしめてくれた。

やがて、母はすっかり快復し、小学校の入学式では、私の手を引き一緒に担任の先生に挨拶をしてくれた。張り切りすぎた私は、名前を言って頭をさげたのだが、そこに先生の机があり、音をたてておでこをぶつけこぶを作った。母は、「まあ、この子ったら」と言いながら、今度は母が頭をさげ、私の後頭部に母のおでこがぶつかった。2人でおでこを擦りながら泣き笑いをした。

ところが、2年生の時だった。仕事を抜けて、初めて母が授業参観に来てくれた。私は浮かれていた。先生の目を盗んで、笑顔で教室の後ろの母を探した。

その夜、夕食を囲んだ家族の前で、強い口調で言った。

「母さん、もう学校に来なくていいから」

母からも兄姉たちからも「どうして？」と訊かれたが、決してその訳を言わなかった。教室の後ろに立っていた母は、１人だけ違っていた。まだまだ貧しい時代だった。それでも母以外はみんな洋服だった。母だけもんぺ姿だった。どのお母さんも若々しいのに、母は少し背を丸くし、老けて見えた。急に、保育所でのたどたどしい母の歩き方を思い出し、心が沈んだ。

以来、授業参観どころか、母は学校に一切来なかった。中学、高校、大学の入学式も卒業式も、どんな思いだったのか母は「父さん、お願いしますね」と頭をさげ、父に出席を頼んだ。

なのに、母はいつも心優しく私を見守ってくれた。末っ子の特権で兄弟たちを押しのけ、母に甘えていた。思春期の頃だった。何をやっても思うようにならず気持ちが荒れていた。どうにでもなれとばかり、母に当たり散らした。その時、

「あんたは努力家なんだから、諦めたらダメ！」

目を真っ赤に潤ませながら言ってくれた。心がすうっと静かになった。その言葉は、私の宝になった。それでも、母と一緒に人前に立つことを嫌がった。友達に母を紹介するのも避けた。

親は、我が子にできるだけふびんな思いをさせたくないと思うのが常である。だから、歳のいった母を恥ずかしく思う我が子を察し、学校へ行くことを諦めたに違いない。できるだけ我が子と一緒の場に出ることも避けてくれたのだと思う。私は、そんな子を想う気持ちを考えもせず、当然のことのように振る舞い続けた。

私も2人の子の親となった。自慢の親とまではいかなくても、子どもにとって恥ずかしくない親でありたいと努めた。そして、我が子に避けられた親の気持ちに気づいた。母の心の傷の深さを思い、息が詰まった。申し訳ない気持ちを適当に濁すことなく、いつか、心から詫びようと思っていた。けれど、生前も、そしてあの弔辞という最後のチャンスでも、それを言葉にできないままになった。悔いは今も……。

6　今日もいい天気

ああ　思い込み

4月に勤務先が変わった。都内K駅からバスで10分、徒歩なら25分の所だった。私は、健康のためと称して往復を徒歩にした。駅から数分も歩くと、川を改修した親水公園があった。朝夕の徒歩通勤には、とても快適な道だった。

思い込みは、公園までの賑やかな駅前通りでのことだ。通りには、大きなホテルやコンサートホールがあり、反対側にはコンビニや美容室が軒を並べていた。その一角に、定食中心の24時間営業のレストランがあった。

毎朝、その前を定時に通った。同じ時間に、必ずその店に入る女性がいた。いつも地味な服装で、同じ手提げ鞄を持っていた。私とは反対方向から来て、店のドアを押した。いつ頃からかしっかりと顔も覚えた。物静かで、まじめな感じがした。

毎朝同じ時刻に、店に入っていく様子を見て、「ここで朝食を済ませてから、出勤するのだ」と理解した。女性が1人で朝食をとるのには打ってつけ、明るい店構えだった。そんな朝食習慣も、大都会での1人暮らし女性には、珍しくないのだろうと納得した。それにしても毎朝同じ店で、いったい何を食べているのだろう。私には関わりないことだが、通勤の道々、そんなことを思ったりした。

半年が過ぎた頃だった。丁度お昼時だ。出張からの帰り、そのレストランの前を通った。何気なく、大きなウインドー越しに店内を見た。すると、そこに毎朝出会うあの女性の姿があった。思わず歩みが遅くなった。女性は窓際のテーブルに近づき、手に持っていた食器を置いた。

突然足取りが止まりそうに……。もう一度ゆっくり店内を見た。

「なに！　彼女はお客じゃない！　ここの接客係か！」

だから、毎朝この店に入った。

「朝食のためではなく、出勤だった！」

勝手に独身女性の朝食習慣と……。

「何という思い込みだ！」

私は、人混みにまぎれ一人顔を赤くし、緩めた歩調を元に戻すのに必死になった。

密着した車内

（『室蘭民報・随筆大手門』掲載に加筆）

その朝の電車内は特に混雑が激しく、ドア付近で四方を出勤するスーツ姿に押されながら揺られていた。線路の切替ポイントで、いつも決まったアナウンスが流れる。

「間もなく、車両が大きく揺れます。お気をつけください」

その揺れには慣れていた。足に力を入れて備えた。ところが、すごい混雑のせいか、車両の揺れと一緒に満員の乗客が一方向に大きく傾き、次に一斉に元の位置に戻された。一瞬のことだが、再び定位置を確保し、ホッとした矢先だった。左手前で密着していた男性が声を荒げた。

「俺の足を踏んだだろう。謝れよ」

と、私の右前で背を向けていた若者を押した。若者はギュウギュウの中を反転し、男性を見た。

「踏んでませんよ。失礼だな！」

今度は、男性が若者をにらみ、

「いや、君の足が私を踏んだ」

「僕が踏んだのなら、すぐに謝りますよ」

「なに言ってる。謝れ！」

「違うって、言ってるでしょう！」

密着した右と左で言い合いが続いた。私は、目だけ動かしその事態に驚いていた。幸い、２人の間には腕を振り上げる隙間さえなかった。そこだけは安心だった。

ところが、言い争いは思わぬ方向へ進んだ。これには参った。

「君じゃないのなら、誰だ。誰が踏んだ？」

「そんなの知りませんよ。揺れで、みんな動いたんだ」

「でも、一番近いのは君だ」

いやな予感がした。若者は目を見開いた。

「僕だけが近くじゃない」

「じゃ、誰だ。誰が踏んだ？」

周囲に緊張が走った。２人の目は同時に、直近の私を見た。

『えぇぇ、私！』

２人を交互に見た。無言のまま、あわてて首を横に振った。きっと私は青ざめていた。

突然、

「じゃ、仕方ない。変な言いがかりをつけてしまった」

男性は小さく頭をさげ、若者もうなずき、向きを戻した。

争いは終わった。一体、２人は私を見て、何を思ったのだろう。今も謎だ。念を押す。

私は無実だ。密着した車内で、男３人の緊迫したシーンだった。なのに、日が経つにつれ
笑えるのは、どうして。


（『室蘭民報・随筆大手門』掲載に加筆）

花壇のお裾分け

団地やマンションでの暮らしが長かった。その上、草花への関心も薄かった。だから、自宅の庭に花壇なんて思いもしなかった。ところが、この地に居を構える時、

「手間のかからない花壇にしますから……」

業者さんのそんな勧めに従うことになった。

造ってもらったのは、北の風土にあった宿根草の庭。

季節ごとに咲く花に、徐々に興味を持った。やがて雑草が気になり、抜き始めた。葉に害虫がつくと殺虫剤を買いに走った。

雪解けと共に芽を出す花たちなのだが、年によってその勢いに違いがあった。小さな驚きだった。

今春は『アルケミラ』が特に力強い。沢山の花を咲かせた。その花は、菜の花に似てい

るが、それよりもやや黄緑色で小ぶりだ。そんな可愛い花が一斉に開花し、花壇が華やいだ。

ある朝、私は園芸用のハサミを片手に花壇へ入った。それまで、切り花をした経験がなかった。

実は、曲がりなりにも、我が家には小さな仏壇がある。位牌分けをしてもらった両親に、毎朝手を合わせるのを、日課の1つにしている。いつもは買い物ついでに仏花を求め、それを供えた。

でも、この日、アルケミラを仏花にと思い立った。両親に、この時季の花壇のお裾分けがしたくなったのだ。可憐に黄色く咲く茎にハサミを入れた。1本また1本と……。

「はじめて花を摘んだ！」

7本ほどを片手に束ね、かざしてみた。朝の日差しがよく似合った。

「あらぁ、キレイね！」

母は、きっとそう言ってくれるに違いない。

（『室蘭民報・随筆大手門』掲載に加筆）

コロナ禍の春ラン

ついに春が来た。梅も桃も桜も一斉に咲いた。白木蓮も紫木蓮もコブシも、みんなみんな咲いた。そして、柳、カエデ、唐松の緑が柔らかな陽を受け、綺麗だ。日の出も早い。それに誘われ、目ざめも早くなった。いい天気の日は、準備を整え6時半にランニングスタート。

人はまばらで、三密の心配など要らない。でも、この陽気だから自粛生活だからかランナーとよくすれ違う。みんな若い。多くはイヤホンをしている。挨拶しても、耳に届かないようで視線すら合わせない。

ところが、近づいてきたランナーが、私の左腕にあるオレンジ色の腕章を見た。

「おっ、ガードランナーズだ。お疲れっす！」

さっと頭をさげ走り去った。『走りながら、子どもやお年寄りの見守りを！』。そんな趣旨に「私でよければ」と腕章をして走っている。それをねぎらう飾らないひと言だ。

「別に、何もしてないのに……」

でも、その言葉で快晴の空を見上げたくなった。誰も見ていないことをいいことに、少し胸を張った。きっとアカゲラだろう。ドラミングが空に響いていた。

一瞬、コロナを忘れた。

次は、自宅まで残り1キロ程の日だ。予報よりも早く雨が降り始めた。でも、これ以上速くは走れない。

濡れはじめた歩道の先を見た。上下黒にピンクのシューズのランナーが、向かってきた。距離がみるみる近づいた。私が速いのではない。向こうが速い。若い女の子だった。ショートカットがすっぽりと湿っていた。すれ違い際、目が合った。「おはようございます」。私の挨拶に、彼女は笑顔を作り一礼した。すかさず私は続けた。

「雨だから、足元、気をつけて！」

彼女は、すっと私の横をぬけた。そして、すぐ背後から明るく弾んだ声が飛んできた。

「はぁーい、ありがとうございまーす！」

その声で氷雨ではなく春の雨だと気づいた。急に「足がスイスイ進む！」。

一瞬、年齢を忘れた。
「春だ！」

（『室蘭民報・随筆大手門』掲載に加筆）

2人だけの足どり

年齢なのだろう。夜遅くまで、おきていられない。10時を待たずに、布団に入る。本を開いても、10分も持たずに寝入る。だから、目覚めが早い。一度、眠りから覚めると、「二度寝」などなかなかできない。

つい先日のこと、いつもよりさらに早い時間に目が覚めた。カーテンの隙間が明るいのだ。時間を確かめると、4時半を回ったばかり。なのに、もう外には光がある。その驚きが、さらにハッキリとした目覚めを誘った。

家内に気づかれないよう、そっと寝室を出る。そして、2階の自室のカーテンを開いてみた。その窓からは、緩い下りの『嘉右衛門坂通り』が見える。すっかり雪が解け、道は乾いていた。次第に明るさを増す空には、一片の雲もない。この時季の当地の朝らしく風もなく、穏やかな一日の始まりを告げているよう。

寝起き姿のまま、しばらく窓辺からその坂を見ていた。すると、坂を下る2つの小さな後ろ姿が視界に入ってきた。この時間の外は、まだ冷えるのだろう。2人とも、ニット帽に冬用の黒の上下服だった。

男性は、やや足を引きずり、女性の腰は、少し前かがみになっていた。何やら会話が弾んでいるよう。足を一歩一歩進めながら、しばしば相手に顔を向け、時には笑みを浮かべているような、愉しげな背中だった。

私の視線など気づく訳もない。早朝も早朝、人も車も通らない日の出前の坂道を、2人だけの足どりがゆっくりとゆっくりと下っていった。

私の窓を独り占め、いや二人占めする映像に、布施明の『マイウェイ』が流れてきた。

（『室蘭民報・随筆大手門』掲載に加筆）

愛の巣劇場

陽気に誘われ早朝散歩に出た。近所のご主人が庭の手入れをしていた。

「最近、カラスがうるさいね」

それが挨拶替わりだった。確かに、朝から大声を張り上げ鳴いている。小鳥のさえずりとは違い耳障りだ。でも、いつもの春と思い直した。

翌日、2階の自室から見える電柱に、カラスの巣があるのに気づいた。これまた年中行事だが、数日後、高所作業車が出動し、その巣を撤去した。

それで今年は終わらなかった。翌朝、いつも以上にカラスの鳴き声がする。小枝をくわえたカラスがしきりに飛び交い、電柱の梁に止まり、そこで向きを変えたりしていた。2日後、撤去前と変わらない巣ができた。

その後も、しばしばカラスは飛来し、いつもの声で鳴いていた。案の定、再び高所作業車が来た。時間をかけて、巣を取り除いた。巣の形跡は全く無くなった。

間もなくして、やけに甲高く鳴き交わす声がする。2階の窓から様子を見た。代わる代わるカラスが来た。巣のあった梁や近くの電線に止まり、次々と声を張り上げた。だが、その声も姿も次第に消えた。

ところが、巣のあったすぐそばの電線に、2羽のカラスが並んで止まっていた。鳴き声などない。風もない。空だけが青かった。

2羽は次第に近づき、寄り添うようにしながら、何度も何度もクチバシを交互に合わせた。時には、そのクチバシで相手の羽をなでた。一方はその行為を受け入れ動こうとしない。2羽は、巣を失った悲しみに耐えているようだった。巣には、すでに産み落とした卵があったのかも知れない。その落胆を互いに優しく慰め合っていた。私の目にはそう映った。

2羽の仕草は30分程続き、やがて1羽が電線から離れた。もう1羽がそれを追った。以来、電柱にカラスを見ることはない。

春の陽気に包まれながら、思いがけない『愛の巣劇場』を見た。熱いものがこみ上げていた。

(『室蘭民報・随筆大手門』に掲載)

すごい夕焼けなので

昼食を済ませてしばらくすると、眠気に襲われる。その誘いに逆らわず、20分程度の昼寝をする。目覚めは期待とは違い、さほどスッキリしない。ボーとしたまま2階の自室へ階段を上る。机に向かい、キーボードを打ったり読書をしたりして午後を過ごす。

9月になると、随分と早い時間から西日がガラス窓を通して机上を射る。その眩しさにたまりかね、レースのカーテンを下ろす。

そんなある日、突然、居間の家内から大きな声が、

「ねえ、見てごらん夕日。素晴らしいよ」

声に促された。机を離れカーテンを上げる。窓越しに西空を見ると、茜色に広がる薄雲が大空に輝いていた。もう秋が訪れたのか、ひときわ鮮やか。

その美しさをガラス越しに見るだけにしておけなかった。急いで階段を降り外へ出た。

自宅前の通りまで行くと、そこは一面の『大夕焼け』。家内も遅れて通りまで出てきた。会話のないまま、並んでしばらく見とれた。

その時、近所のご主人が自宅の駐車場に車を止めた。いつもより早い帰宅のようだったが、2人並んで通りに立つ私たちが気になったらしい。わざわざ声をかけてきた。

「どうしたんですか。何かあったんですか？」

「すごい夕焼けなので、見てました」

するとご主人は、驚いたように「エッ！　エェ」と、西空に顔をむけた。そして、つぶやくように
「忙しさに、つい忘れてました。綺麗ですね。ありがとうございます」

すかさず私は、

「現職の頃は私たちも、夕日を見る余裕などなく、毎日走り続けていました。仕方ないですよ！」

「そうですか。同じですか」

ご主人は少し寂しげな表情を残し、足早に玄関へ向かった。

（『室蘭民報・随筆大手門』掲載に加筆）

秋の花便り

秋口になるのを楽しみにしている花畑が、近くにある。色鮮やかなガーベラとコスモスが、広い角地一面に咲き乱れるのだ。

当地で暮らし始めて3年目の夏、散歩の途中でその花畑を造っている方とはじめて出会った。農作業へ行く途中だったが、美しい花畑の感想とお礼を口にした。とっさのことでうまい言葉が出てこなかったが、精一杯の気持ちを伝えた。すると、

「それはそれはどうもどうも……。もう歳だけど、でも来年も頑張るわ」

嬉しそうな表情だった。私も笑顔で頭をさげ、そのまま別れた。その方は、農業用一輪車を押し畑へ向かい、少し距離があいた。突然、後ろから大きな声がした。

「あのさ、来年まで生きていたら、やるから！」

「エッ！」、ふりかえって急いで言葉を探した。その方は、すかさず、

「そう言うこと！」

静かに手を挙げ、ゆっくりと遠ざかっていった。

だが、それからも毎春、畑には小さな苗が整然と植えられた。徐々に緑色が増し、やがて秋が訪れ、色とりどりの花が私の足を止めた。

ところが、数年前の秋だ。その方の急逝をご近所さんから聞いた。なのに、ガーベラもコスモスも凜と華やかに咲いた。

「もう、この花畑も見納め！」

何度もカメラを向けた。シャッターを押す指が、いつもより私に力を求めた。

そして、再び春……。ビックリした。雪の解けたその畑は、いつの間にか整地され、縦と横にまっすぐ小さなガーベラの苗が植えられていた。夏が近づき、畑を囲むように無数の芽が出た。コスモスだと気づいたのは、かなり日が過ぎてからだった。

秋、前の年と同じようにガーベラもコスモスも花盛りを迎えた。あの方は逝ってしまった。でも、その遺志を継いだ方がいた。花畑の前で、胸がいっぱいになった。

きっと今年も変わることなく、あの角地から秋の花便りが届くことだろう。

（『室蘭民報・随筆大手門』掲載に加筆）

輝き

暖簾をくぐると、いつもカウンターに陣取り、包丁を握っている。その姿は、なぜか40年以上も前に他界した親父を思い出させる。

「どうだ、儲かってるか」

私の問いに、返ってくる答えは決まって、

「なんもだ」

歯切れが悪い。だが、そこにはどういう訳か悲壮感はなく、どこか穏やかな空気が流れていた。

「俺の趣味は商売!」

そう言い切ってしまうほど、彼の人生は紛れもなくそれだけだった。中学校を卒業してから今日まで、70年間にわたり一貫していてブレることはなかった。まさに、天職と言えるのだろうが、その歩みは細々として頼りなく、しかし良心的な商売人と言えるものだった。

振り返ってみると、今でこそ客席40程度の小料理屋であるが、かつては従業員20名を超える活気ある鮮魚店の店主だった。みんなから「社長！」と呼ばれた時代もあった。だが、時代の波は彼を押し上げたりはしなかった。年齢と共に体力は衰え、そして店も少しずつ売り上げを大型店舗に奪われていった。20数年前、転機が訪れた。彼はそれまでの店をたたみ、今までの仕出しや惣菜造りの経験を生かし、魚料理中心の飲食店を始めた。

決して大きくはない町の小さな魚料理専門店である。勝負は、新客の開拓ではなく、確かなリピーターの獲得だった。それには、そこそこの値段と料理の質が問われた。「いつも美味しいものを提供する！」。それがこの店の生きる道だった。時折出向く私の舌に、その味は合格だった。客の何人かが帰りがてらに会計をしながら、

「相変わらず美味しいものを出すね」

と言っているのを聞いた。そんな声が彼の励みになっているのだろうと思いながらも、一向に好転しない店の経営に、斜陽の町での商売の難しさを感じていた。

鮮魚店と料理屋の違いはあれ、彼は、人生の全てをかけ一途に美味しいものを提供する

ことに、毎日を費やしてきた。もっともっと彼は救われてもいいはずだ。朝は人より早く起き、魚市場へ軽トラで駆けつけ、70年におよぶ目利きで美味しい魚を厳選する。そして、どんな客の注文も快く受け、時には後始末が深夜になることもある。なのに彼に揚揚とした光は差さなかった。

実は、私は彼の稼ぎによって学費を捻出してもらい大学にいった。そして、夢であった教職についた。その上、12年間にもわたり校長として1校を預かり、理想とまではいかないものの、しかし『人生の旬』と思えるような仕事もさせてもらった。それに比べ、彼の人生はあまりにも違いすぎた。

しかし、ある日のことだ。とあるガラス工房の店で、ちょっとしたお土産にとガラスボウルを買い求めた。ガラス製品なだけに梱包に手間が掛かっていた。そのことで持てあました時間に、店内にあったこの町周辺の名店を紹介する小洒落たタウン雑誌を手にした。「ああ、この店、知っている」「そうか、やっぱり紹介されるか、この店は」などと思いながら、時には全く知らないイタリアンレストランに驚き、「今度行ってみたいなあ」なんて、無責任にページをめくっていた。

すると、見慣れた暖簾のある店先の写真が現れた。店の名前はもちろんのこと、彼の名前もフルネームで紹介され、朝の仕入れに始まり、見事な包丁さばき、そして料理への心意気まで紹介され、味の確かさとともに店を絶賛する記事だった。

「店主は茶目っ気たっぷりの表情で『いつでもお待ちしてます』と言っていた」

と、彼の人柄まで伝えていた。店内で立ち読みしながらこみ上げるものがあった。しばらくそのページから目を離すことができなかった。

私たちは、人生の中でどれだけ人から褒められる機会に恵まれるだろう。励ましの意味を込めての賞賛なら、私にも何度か経験はある。また、仕事柄、褒めることが成長する原動力になると期待して、賛辞を何人もの人に送ってきた。しかし、この記事にそんな目論見はなかった。本当に美味しい料理を出す店だからこその記事だった。今までこの店と関わりのない雑誌記者による、感じたままの偽りのない評価なのである。彼が美味しいものを提供しようと精一杯歩み続けたことへの、本当の言葉が並んでいた。

こんな偽りのないむくわれ方に、私は弟として心を熱くした。そして、こんな素敵な記事を書かせた兄を誇りに思った。彼のようなひたむきな歩みには、必ずや清純な輝きが訪れると信じることができた。

（第9回文芸思潮エッセイ賞佳作に加筆）

7

確かな想いを刻みつつ

絵心をたどる

(1) チューリップの絵

小学校に入学して最初の図工の時間だ。真新しいクレヨンを机に置いた。画用紙が1枚ずつ配られた。優しそうな女の先生だった。

「その紙に、好きな絵を描いてください」

大好きな動物でも花でも、誰かの顔でもいいと言う。クレヨンなど使い慣れていなかった。何をどう描こうか迷った。

隣の子も周りの子も次々と描き始めた。慌てた。思いついたのが、チューリップだった。真っ白な紙の横一線に、赤と黄色のチューリップの花と緑色で茎と葉を、5つ6つ並べて描いた。

「あら、きれいね。つぼみもあるといいよ」

私の絵をのぞいて先生が教えてくれた。「よし！」とばかり、花と花との間に、２つ３つと赤や黄色の丸いつぼみと小さな葉を塗った。背景は、真っ白のままだった。目を閉じると、今もその絵が浮かぶ。

翌朝、教室の後ろと横の掲示板に、名札のついたみんなの絵が貼ってあった。どの子も自分の絵を見つけて、明るい表情をしていた。ところが、何度見直しても私の絵がない。休み時間にもう一度確かめた。やっぱり、チューリップの絵も私の名札もなかった。

「あまりにも下手だったから、貼ってもらえなかったんだ」

すごく後悔した。

「もっといっぱいつぼみを描けば良かったのに……」

ずっと、泣きそうになるのをこらえて過ごした。

ところが、帰りの時間のことだ。ビックリした。

「上手な子の絵は、廊下に貼りました」

先生がそう言ったのだ。廊下にも、絵が貼ってあるなんて知らなかった。ランドセルを背負ってから、急いで廊下に出た。

廊下の掲示板の一番右上に、チューリップの絵があった。１日中、泣きそうだった分も加わり、廊下の「上手な絵」に、跳びはねたい気持ちになった。
帰り道は家まで走った。

(2) 工場の写生

4年生でも5年生でも6年生でも写生会は、同じ場所からだった。学校から10分くらい行った小高い丘から、眼下の製鉄所を描くのだ。私は、それが好きになれなかった。

「工場の力強さを写生しなさい」

どの先生も、毎年同じことを言った。

茶色く錆びついた鉄くずの山、山。うす汚れた灰色の屋根が折り重なった窓のない細長い工場。製鉄所のシンボルだという5本の煙突。そして、動いているのを見たことがない巨大クレーン。私は、そのどれにも心が動かなかった。興味がなかった。誰がどんなに力強いと言っても、その色合いに惹かれるものは何もなかった。

それでも、大きな画用紙が配られ、半日は製鉄所が見える丘にいる。しぶしぶ画板に向かった。そして、適当に下書きをし汚い色を塗った。

出来上がると担任に見せた。早い仕上がりに先生は当然あれこれと注文をつけた。分かり切っていた。私は、「ハーイ」と心ない返事をした。でも、2回と絵筆を持たなかった。先生の目を盗んで、丘のさらに上に駆け上がり時間をつぶした。集合の合図があると係の子が集める画用紙に、そっと自分の絵を潜り込ませて終わりにした。

後日、戻ってきた写生画の評価は、当然最低なものだった。

「もっとチャンと描きなさい」

母から何度叱られても「嫌いだ」と答えた。他の図工の時間まで嫌いになってしまった。

(3) 友の油絵

中学生、高校生になっても、絵画に興味はなかった。だから、高校の芸術科選択では真っ先に美術を対象外にしていた。その上、油くさい部屋にこもり、キャンバスに向かう美術部員を変人のような目で見ていた。その部員の中に、口数が少ないが人当たりのいい同級生・N君がいた。いつ頃からか、昼は一緒に弁当を食べるようになった。何故か、彼だけは変人と思わなかった。どんな会話をしていたのか、いつも心休まる時間が流れていた。

そのN君が、全道の大きな油絵コンクールで、大人たちの絵を尻目に、大賞に輝いた。

一躍時の人となり、新聞でも大きく扱われた。彼の顔写真も載っていた。私は、驚きと共に彼が遠い人になってしまった気がして、喜びよりも寂しさを強くした。でも、彼は翌日からも一緒に弁当を食べてくれた。

数日後、その受賞作品が、玄関の正面に展示された。畳2枚分もあったろうか。大きな油絵だった。その絵を前に、しばらく動けなくなった。放心というのだろうか、圧倒された。

「すごい！」「なんだ、これは！」

埠頭へ無造作に陸揚げされた鉄製の大きなブイと後ろの港。そこに、朱色に燃える夕焼けが輝やいていた。物静かなN君の内にある底知れないエネルギーが伝わってきた。胸の鼓動が、どんどん激しさを増した。

絵画の偉大さに、初めて気づいた。

(4) 単位取得の静物画

大学では、教員免許を得るため『小学校図工』の講義があった。半年間の受講の最後に水彩画を描き、その評価が単位取得を大きく左右した。

静物画が課題になった。中学校以来の絵筆だが、単位を逃すと大変なことになるので、いつになく集中した。教室の中央に置かれたざるの果物を描いた。

翌週、老教官から作品とその評価が渡された。最後の最後に、私が呼ばれた。

「この絵は君のですか」

のぞき込むようにして顔を見られた。

「大変素晴らしい。好みもあるでしょうが、この色合いと構図がいい。もしよかったら、私にゆずってくれませんか。今後の講義で使いたいので……」

しばらくは理解できなかった。ゆっくりと反すうした。

その絵に未練などなかった。それよりも単位が欲しかった。

「うれしいです。もらっていただけるなんて」

講義を終え、老教官は私の絵を抱えて嬉しそうに退室していった。

自分の絵を褒めてもらったのは、小学1年以来、2度目だった。

(5) 展覧会で出会う

教員として首都圏で過ごした。大都会には、沢山の刺激が待っていた。特に、音楽コンサート、演劇、スポーツ観戦、そして展覧会。それらの全てが、私を育ててくれた。それらに触れていなければ、豊かさと無縁な貧相なままの私だったと思う。東京に感謝である。

いつからか展覧会にも魅せられるようになっていた。気の向くまま、足を運んだ。首都圏で見た最初と最後の展覧会を記す。

赴任してまもなく、図工の先生から展覧会に誘われた。同僚たちも一緒に日本橋のデパートの特設会場に行った。メキシコの画家の展覧会だった。確かシケイロスという名だった。壁画を得意としているようで、一つ一つの絵が大きかった。

一面、真っ赤な風景画に釘付けになった。まぶしい程の赤色だった。

「メキシコの太陽の色なんだね。きっと」

図工の先生が教えてくれた。しばらくその絵の前から離れられなくなった。

「シケイロスの赤はすごい。本物だ」

何も分からないのに、そう感じた。

以来、この時の赤が、私にとって最高の赤色になっている。

伊達に移住する間際だ。東京国立博物館140周年特別展・『ボストン美術館「日本美術の至宝」』があった。そこで江戸時代の奇才・曽我蕭白《しょうはく》の水墨画を初めて見た。ひときわ巨大な水墨画があった。この展覧会に合わせ、ボストン美術館が修復したと言う。『雲龍図』と名があった。「墨一色が生み出したスペクタクル、見る者を圧倒する迫力」とふれ込みがあった。言葉通り、その凄さに後ずさりしそうになった。

一度はその場から離れたが、引き返して今度は長時間見続けた。こんな力強い絵を描くエネルギーが江戸の画家にあったのか。衝撃的な驚きだった。龍の顔を、真正面から捉えている大胆さにも、胸が騒いだ。

順路の最後に、記念品売場が特設されていた。あの『雲龍図』の模写が、掛け軸になっていた。高価な値がついていた。その日は見送ったが、あきらめがつかなかった。私の退職記念と称して、後日購入した。

今は毎日、和室からその龍が私をにらんでいる。背筋がピンと伸びる。

それよりも　今は

１９８７年の年賀状に載せた詩である。

今　わたし

鉄鋼・造船の不況に喘ぐ街からも
これが最後と閉山に涙する町からも
久しぶりの筆跡
なつかしい口調
定まりの言葉の中に
やすらぎを載せ
私はひととき

故郷に思いをはせる
　決まって三交替のサイレンが鳴り
　工場から
　掃き出されるように
　吸い込まれるように
　人々が忙しく動き出す鉄の町
一日中鉄索がガチガチガーガーと
石炭を山積み
川には真っ黒い水があふれる産炭地
　家族が卓袱台に集い
　一本の電線につり下がった電球の下で
　皿に盛られたおかずを競う時が
　ここにも　あそこにも
　それは
　カルチャー　ファッション　グルメとは

無縁の時代
そして　私は　今
コンクリートの林と
鉄の扉の玄関と
窓辺にはサザンカが
赤く咲き乱れる季節に

この詩に沿いながら、最初に私と家内の10歳前後の暮らしぶりから振り返ってみる。私が過ごした鉄の町は、いつも工場からの音がしていた。一日に3回鳴り響くサイレンが象徴的だった。その合図と共に、大きな工場につながる道路は、製鉄所の専用バスと工員さんであふれた。その光景は、子どもながらにも町が生き物のように思えた。

広い製鉄所の中に、5本の高い煙突が立つ工場があった。小学生の頃、そこが見える小高い丘から写生した。工場と一緒に、そこへ向かう工員さんたちや専用バスを沢山描いた。

「人もバスも見えないよ。見たとおり描きなさい」

先生に注意されても、私は消さなかった。工場で働く人たちの活気。子どもながらも、それを描きたかったのだと思う。

さて、家内はどうだったのだろうか。いくつもの炭鉱がある町で彼女は育った。掘り出された石炭は貨物列車がある駅に集められた。その集積方法は、トロッコだのトラックだの様々だった。

その1つに、山奥の炭鉱から駅の集積場まで、高い鉄塔を等間隔に立て、ケーブルを張る。そこに大きなバケツをつるし、山積みした石炭を運ぶ方法があった。彼女の家の近くにそのケーブルがあった。いつも鉄塔とケーブルがすれる音がガチガチガーガーとしていた。時に、石炭の真っ黒い水滴が、洗濯物を汚した。でも、それらに腹を立てる人は少なかった。

それより、時々そのケーブルのバケツに、石炭ではなく炭鉱夫が乗っていることがあった。「危険きわまりない行為だ」。それに驚き怒るどころか、子どもたちはバケツに乗る炭鉱夫を見ると、みんな遊びをやめ、それぞれ、空に向かって大声で叫んだ。

「テッサクーの、おーじさーん！」

すると、危険きわまりないおじさんは、下の子どもたちに大きく手をふってくれるのだ。子どもたちは、それが嬉しかった。今度は、子どもたちも大きく手を振り、再び叫ぶのだ。

「テッサクーの、おーじさーん。オーーイ！」

そのおじさんが、頭上から見えなくなるまで声を張り上げ、手を振り続けた。

家内も、そんな子の1人だった。山に囲まれた小さな盆地。あの頃、この町で子どもたちを笑顔にした微笑ましい風景である。

それから30年が過ぎ、『今　わたし』を記した年。その年からバブルと呼ばれる時代が始まった。しかし、まだ私の故郷は、『鉄鋼・造船の不況に喘いでいた』。家内の実家がある産炭地は、『これが最後と閉山に涙』していた。その一方、カルチャーだとか、ファッション、グルメなど使い慣れない言葉が、テレビや新聞、雑誌を賑わし始め、それまでとは違う時代の始まりを予感させた。

当時、私は首都圏の新築分譲団地で暮らしていた。整然と並んだ5階建ての団地群は、まるで『コンクリートの林』のように見えた。そんな無機質な住居を補うように、団地内の芝生には、四季折々の草木が植えられた。そこに咲く花がつかの間の安らぎを、私たちに提供してくれた。北国育ちの私には、冬の真っ赤な山茶花には、いつも心が奪われた。

確かに、暮らしには、様々な新しさや豊かさが加わった。10歳の頃のそれとは、明らかに違う。そんなライフスタイルが定着しつつあった。

さて、今である。驚くことに、6人に1人の子どもが貧困の中にいると言う。さらに、都会と地方の2極化が進んでいる。「今や、地方は疲弊の道を突き進んでいる！」。それを言い過ぎと否定できない現実を随所に見る。「地方の町は、寂れていくだけ！」。40年ぶりに北海道で暮らし始め、各地の町並みでそれを実感する。

一見、時代の大きなうねりの中で、暮らしは便利に変化し、豊かさを漂わせているように思う。しかし、『1つの明かりの下に家族がそろい、皿に盛られたおかずを囲んだ夕食』風景は、姿を消してしまった。仕事や塾に追われ、スーパーの惣菜を並べ、家族それぞれが自分の時間帯で食事しているのでは……。もしかすると、私たちの暮らしは、30年前のあの『不況に喘』いだまま、『閉山に涙』したままが続いている?……。いや、それよりももっと寂しいことになっているのでは……。

『大事』の前

まずは、当時の一文から始める。

『昭和46年4月、私は東京都E区で教職の第一歩を踏みました。以来、26年になりますが、この間、常に心がけてきたことは、教育に対する情熱と児童愛をもって子どもの教育に当たることでした。

私はこの26年間、様々な子どもにめぐりあってまいりました。その中で「教育の基本は児童理解に始まり、児童理解に戻る」ことではないかと考えるようになりました。そして、今では、それが私の信条になっております。

今、子どもの情況を見ますと、まもなく訪れる21世紀の社会に不安を感じているのは、私一人ではないように思います。このような時だからこそ、私は、信条であります「教育は児童理解に始まり、児童理解に戻る」ことを学校経営の基本に据え、子どもにどんな困難をも乗り越える力と、他を思いやる心を育てたいと考えております。

そのために、次の3点を教職員に求め、学級経営や授業に生かすように、指導してまいります。

その第1は、子どものありのままの姿を理解すること、そのことを指導の基本姿勢にすること。第2に、子どもを決して否定することなく、よさや可能性を伸ばす指導を徹底すること。第3に、常に子どもの側に立った支援・指導の工夫・改善に努め、その実践を継続すること。

最後になりますが、私は、学校のこのような努力する姿を、家庭や地域社会に知らせることに心がけながら、連携に努め、今後の学校教育にあたる所存です。以上、私の紹介と校長になった場合の抱負と致します』

その年、教頭であった私は、『校長選考』に挑戦していた。第1次の「論文選考」を通過し、第2次の「面接」へ進んだ。先の一文は、その面接で求められる「校長になった場合の抱負」を、5分以内でスピーチする原稿である。

面接という『大事』へ向かう昼下がりの電車内で、私は、この文を何度も呟いていた。

面接会場は、有楽町駅で下車すると、すぐの所だった。

これは、一駅前の東京駅から始まった。私の乗った山手線車両から、沢山の人が降りた。そして、何人かが乗り込んできた中に、ガイドブックを片手にした大柄な外国人男女3人がいた。空いた座席はなく、3人は私の横の吊革につかまった。何やら真剣な表情で、会話が続いていた。私は、下車前にもう一度と例の一文を呟き始めた。

面接の冒頭でのスピーチである。滑り出しが、面接の成否を決める気がしていた。ブツブツと必死な私に、何の前触れもなく、明るい笑顔の外国語が話しかけてきた。

その日、私はまさに勝負服だった。自前のスーツでも一番高価で気に入ったもの、その上一目でブランド品と分かるネクタイをしていた。自己評価は、ちょっとした『中年紳士』だった。3人は、それを見て、話しかけたのだろうか。言葉の響きから、何となく英語だと分かった。しかし、相変わらずの外国人アレルギーである。サッパリ言っていることが分からない。

ビックリ顔で不安げな私に、今度はややゆっくりとした英語が聞こえてきた。3人は、とてもフレンドリーな笑顔で、私を上からのぞき込んだ。一瞬、私の周りのすべての時間が止まった。様々なことを思った。

「東京暮らしも26年だが、車内で外国人に声をかけられたことなんてないのに。なのに、こんな大事な日に。それも、次で下車する間際に。まったくもう……。どうする？。無視しようか？　そうしたら、きっと引きずるなあ。後悔したままだと、面接に集中できないかも。どうしよう。これは、大事の前の試金石だと思え。どうなることか、とにかく何とか応じてみよう」

私は、人差し指をかざし、「ワンスモアー　プリーズ！」。言ってみた。笑顔の男性が、少しだけかがんで、さらにゆっくりとした言い方で話した。その言葉の中から、「ゥエノ」だけが聞き取れた。すかざず「ゥエノ！　上野？」と訊きかえした。彼は晴れやかな表情で、「ゥエノ、ウエノ」と応じ、次に理解のできない英語を続けた。それでも、上野へ行きたいんだと類推した。

その時丁度、電車は有楽町駅に滑り込んだ。私は即断した。太い彼の腕をつかみ「カモン！」と下車を明るく促した。驚きの表情のまま彼は私に引っ張られホームに降りた。2人も黙って下車した。そのまま彼の腕を持ち、階段を下り、反対側のホームを上った。

「ネクスト、トーキョーステーション。カンダ……。アキハバラ……。オカチマチ……。ウエノステーション！」

指を折りながら、通じないと思いつつも精一杯だった。2度くり返し、駅名を連呼した。

3人は、ビックリした表情や戸惑いの顔をしながら、顔を見合っていた。すぐに電車が来た。

「プリーズ!」

乗り込むようにと、手でそのしぐさをした。パッと明るい表情に変わり、車両に乗り込んだ。私は、ホームから手を振った。ドアが閉じた。3人は両手を合わせ、小さく頭をさげた。笑顔だった。

きっと、無事に上野まで行けるだろう。確信した。時計を見た。まだ、面接時間までには余裕があった。試金石を通過した。胸を張って、面接会場に向かった。

5分間のスピーチ。それは、驚くほどのできだったと思った。数か月後、合格の知らせを頂いた。『大事』の前に、誰も知らないこんなことがあった。

68歳の惜春

『洞爺湖マラソン２０１６』が近づくにつれ、眠れない日が何度もあった。どう考え直しても、42・１９５キロを走るなど私にはできそうもない。フルマラソン経験者は、

「ハーフを完走できたのだから、走れますよ」

何度も励ましてくれたが、洞爺湖畔を１周走るなんて、無理なこととしか思えなかった。

エントリーしたことを後悔した。

でも、「不安は、走ることが解決してくれる」と思い直した。42キロを５時間半で走ることを想定し、スタミナを考慮した速さで、毎朝10キロを走った。怪我にも気をつけ、体の状態と折り合いをつけながらの練習を続けた。

大会の１週間前、マイカーでマラソンコースを下見した。中間点を過ぎてから、湖畔を離れ往復約５キロの坂道があった。評判通り、大変な坂だと感じた。それにしても、42キ

ロは車で走っても長かった。確かに、私なりに練習は重ねてきたが、完走する自信をなくすことになってしまった。

長男からは、忠告のメールが届いた。

「途中でリタイアする勇気を持って走ること」

家内の知人からは、心配の葉書を頂いた。

「無理して怪我をしないように」

色々な方から、「無理しないでね」と気遣いを受け、そのたびに「無理しないと走れない」と心で呟いた。日に日に、不安は大きくなった。しかし、そんな時に限って、不思議とそれを払拭し強気になるのが私だった。居直りなのかも知れないが、前夜はグッスリと眠った。

その日、洞爺湖は素晴らしい快晴。湖畔は新緑にあふれ、その先に雪解けを迎えた羊蹄山がくっきりとした稜線を描き、ランナーを歓迎していた。会場に着くなり、何度も尿意がおとずれた。少し照れながら、トイレを行ったり来たりした。

スタート30分前、決められたスタート場所へ行った。案の定、不安な気分が押し寄せた。隣に同年代のスリムな女性が並んだ。ふと背中のゼッケンが気になった。安全ピンがはずれ、ヒラヒラしていた。沿道にいた家内を呼び寄せ、女性のゼッケンを直してあげた。それからスタートの合図まで、その方のおしゃべりをずっと聞くことになった。大ベテランで、マラソン経験の豊かな方だった。私が初のフルマラソンだと知ると、

「それじゃ、ゴールできたら泣きますよ。20年前になるけど、私は号泣したもん」

とひやかされた。そんな経験談の色々が、私から不安感を消してくれた。

スタートの合図が響くと、その方は、

「じゃ、行ってらっしゃい。私は、後からゆっくりと行くから」

ポンと軽く背中を押し、離れてくれた。私のペースを乱さないようにとの配慮だと気づき感謝した。

そこから、5時間半におよぶランが始まった。その長時間の走路では、いくつものドラマがあった。まず、その中から2つを記す。

1つ目は、10キロ付近を走っている時であった。新緑の湖畔を、まだ多くのランナーたちと並走していた。誰もが無言で、何人もの足音と私の息遣いだけが聞こえていた。しばらく走っていると、前方から、時々「ウオー、ウオー」と甲高い奇声が聞こえてきた。

気に止めず、走り続けていたが、その声が次第に近くなった。前を走る野球帽をかぶっ

た青年ランナーの声だと分かった。その青年の隣には、後ろ姿のよく似た、私よりは年若い男性が並走していた。お父さんとその息子に違いない。お父さんは、息子の手首をしっかりと握っていた。2、3歩走るたびに、息子は「ウオー、ウオー」と甲高い奇声を上げた。お父さんは、奇声と一緒に若干興奮気味に走り急ぐ息子の手首に、力を入れながら走っていた。

勝手な推測を許して欲しい。おそらく知的な障害があるのだろう。だけど、走ることが好きなのか、いや、息子にマラソン大会の楽しさを教えたかったのかも知れない。きっと、私などが想像もできない数多くの迷いやためらいがあったことと思う。その一つ一つを越えて、今日、2人で42キロを走ろうと決めたのだと思った。

私は、しばらく2人の後ろを走った。息子の手首を、力強く握りながら走るお父さんの背中が、優しく揺れていた。熱いものがこみ上げた。まだ10キロしか走っていない。ゴールははるか先の先だ。

「私も最後までチャレンジするから、ふたり力を合わせて、どうかゴールして」

声にはならなかった。でも、2人を追い抜きながら、

「頑張ってください！」

心を込めた。物静かな表情で走るお父さんが、小さくうなずいてくれた。励まされたのは私の方だった。

約5時間半におよぶフルマラソンの道中、次に、そこでしか巡り会えなかったドラマの2つ目を記す。

それは、私が初めて体験する距離、つまり中間点を過ぎてからであった。まもなく楽しみにしていた『30キロのエイド』と思えた湖畔の道だった。新緑の若葉が日差しをさえぎり、疲れた走りを手助けしてくれていた。それでも、足取りは次第に力をなくしていた。ここまで来るとランナーは、大きくばらけ、近くには2、3人しかいなかった。私の足音と息づかい以外に聞こえるものはなく、沿道に人影もなかった。

前方に、短パンもTシャツも帽子も白一色で、私より年長と思われる男性の姿があった。若干背中も腰も丸く、小柄な方だった。後ろから見るその走りは重く、ギクシャクとしていて疲れ切っているようだった。

数キロ前からずっと、私の前を走っていた女性が、その彼を追い抜いた。そして、5、6メートル程離れた私も走り抜け、その時に男性を見た。彼は、前屈みの姿勢で、今にも立ち止まりそうな足取りだった。しかも、口元からはよだれのような白い物が、2筋3筋と糸を引いていた。一瞬ハッとした。

「倒れてしまいそう！」

立ち止まって、声をかけるべきだ。

ところが、私はそのまま一歩二歩と足を進めた。ここで止まったら、私の足が動かなくなってしまいそうな気がした。走り続けたいと思った。でも、見過ごすことなどできないと強く感じた。走り去ることに罪悪感があった。ためらいながらも、また1、2歩進んだ時だ。前を走っていた女性が、突然向きを変えた。苦しそうに走る彼の元へ走り寄っていった。私は、後ろの気配を伺いながら、ゆっくりゆっくりと走った。背中に、女性の声が届いた。

「大丈夫ですか。無理なら止まってください」

天使のような声だった。

「大丈夫、大丈夫。行っていいよ。ありがとう」

「そうですか。大丈夫なら……」

あの時、一番救われたのは誰でもない、私だった。自分の走りよりも、苦しんでいるランナーを、見過ごせないと戻った女性。それをためらった私。後悔と一緒に、恥ずかしさでいっぱいになった。

女性は、ここまで私の前を走っていた。私を追い越してくれるまではと、走りながら女性を待った。横を走り抜ける女性に、弱々しい声だったが、

「ありがとうございます」

小さく会釈した。女性は、不思議そうな顔をしながら追い抜いていった。

さて、私の走りである。目標は、この大会が設定している5時間30分以内に、ゴールすることだった。そのために、5キロ毎にタイムを決め、その速さを守って走った。中間点までは、予定通りの走りだった。

一番の難所は、22キロ過ぎからの約5キロの坂道だった。経験者は、最大のポイントと言い、車での下見でもそう思った。経験のない距離でその坂道に突入したのだ。不安だったが、予想以上に足には力があった。思いのほかリズムよく上りを走った。折り返してからの下り、25キロを過ぎても、まだ多くのランナーが、上りに挑戦していた。突如、さだまさしの『惜春』が、頭に浮いた。

『君は坂道を登ってゆく

僕は坂道を下りてゆく
すれ違い坂は春の名残りに
木蓮の香り降る夕暮れ』

下り坂からの眺めは、まさに春を惜しむかのような色をしていた。何度も大きな息をし、無事坂道を走り終えた。ホッとして、27キロを過ぎた。その沿道に、携帯用メガホンを抱えた男性がいた。

「さあ、ここからがフルマラソン。これからの楽しさのために、走ってきたんです。存分に楽しみましょう！」

張りのある声で、同じ言葉をくり返した。ようやく難関を走り終えた私には、その言葉の意味が分からなかった。そのまま通り過ぎた。

足の重たさを強く感じ始めたのは、30キロを目の前にした辺りからだった。『30キロのエイド』では、名物のしそジュースとゆで卵をいただいた。すごく美味しくて、ゴールしたような安堵感があった。

エイドから先、歩いている方が増えた。同じように歩き始めたが、思い直してすぐに走りだした。ところが、試練は32キロを過ぎた頃に突然やって来た。

「何で、歩いてるんだ！」

我に帰った時、自分の意志とは関係なく、走るのをやめ3歩、4歩と歩いていた。訳が分からなかった。予想もしていない私自身の変化であった。歩いていることに気づくと、張り詰めていた気持ちが急に緩んだ。

私は、混乱した。もう、走る気持ちはどこかへ行ってしまった。重たくなった足と、それよりも重たい心を引きずり、湖畔の曲がりくねった道を、トボトボと歩いた。左手から、湖の小さな波がポチャリポチャリと寄せていた。寂しい水音だった。益々首が下を向いた。切なさに負けそうになり、上を見ると、若い新芽が輝いていた。まぶしさに、目を背けた。

「ああ、俺の初フルマラソンは終わった。やはり無謀な挑戦だった」

背中を丸め、人目も気にせずうつむきながら歩いた。

ふと、「こんな沈んだ気持ちは久しぶりだ」と、過去に体験した同じような想いが脳裏を巡った。「あの時は、こんな言葉に救われ、力が湧いたなあ」「あんな出会いや再会から勇気をもらったなあ」「そんな数々に助けられ立ち直ったんだったなあ」。改めて私の幸運に、熱いものを感じた。

少しだけ顔を上げることができた時だ。一人また一人と、急ぎ足で私を追い越していく歩くランナーがいた。歩きながらでも、私を追い抜いていく、その後ろ姿を目で追った。不思議だった。

「どうして、抜いていくのだ？」

自問した。また一人、もう一人と、何人かが私を歩きながら抜いていった。

「分かった。あの人たちは、まだゴールを諦めてなんかいないんだ。だから、懸命に歩いているんだ！」

前へ前へ進む背中が生き生きしていた。私は教えてもらった。しぼんでいたものが、再び力を持った。

「俺も、ゴールを目指す」

上空からヒバリの声が届いた。走ると決めた。ＧＰＳ付きの腕時計を見た。２キロも、ふらふらと歩いていた。走り出すとすぐ、冷えていた太ももの細い筋が、ピリピリッと切れたような音がした。そんなことに構っていられなかった。もう一度、気持ちを強く持って、マイペースでゴールまで走り続けた。

『やさしさ故に傷ついて
やさしさ故に傷つけて
君は坂道を登ってゆく
僕は坂道を下りてゆく
すれ違い坂を春の名残りに』

また、『惜春』が頭に浮かんだ。でも、「惜しむのは、まだまだ先さ」心が叫んだ。ゴールまで残り2キロ、私は、涙どころか笑顔笑顔だった。68歳にして、初フルマラソンへのチャレンジ。27キロ過ぎで聞いた、あの携帯メガホンの言葉が蘇った。確かに、あそこから先に本当のフルマラソンがあった。

5時間30分には、少し余裕があった。ゴールしたすぐそばに家内がいた。

「頑張ったね。すごいね」

家内の涙が見えた。

「うん、頑張った」

それだけ言った。一滴の涙もないまま、近くの芝生で足を伸ばした。今日一番のいい風が、湖面から流れてきた。

この年齢にしてこんな機会に出会えたこと。挑戦できる強い体があったこと。様々な人々の励ましに恵まれたこと。その全てが、私をここへ連れてきてくれた。

ついに私も

30代になり、抜け毛がひどくなった。「きっと他の人より早く、髪の毛がなくなる！」。漠然と予感していた頃のことだ。

勤務校のＰＴＡ主催で、野球大会があった。貴重な日曜日だが、多くのお父さんたちが河川敷のグランドに集まった。学年ごとにチームをつくっての対抗戦だった。私も担任をしていた学年のチームに参加させてもらった。

父親の保護者と教員が交流する機会は少ない。ほとんどのお父さんとは初対面だった。

私は、ベンチで代打要員になった。野球経験のあるお父さんが多く、どの方も動きが俊敏だった。その中でも、私のチームの三塁手に目がいった。打球への動きや送球の姿がかっこよかった。打席ではヒットを連発し、大活躍だった。試合中に、Fちゃんのお父さんだと知った。

試合が終わった午後、町内会館で打ち上げがあった。その酒席にも喜んで参加した。選手のお父さん、お手伝いのお母さん、教職員などで会場はいっぱいになった。私は、そのにぎやかな宴席で、Fちゃんのお父さんを探した。

「野球、上手ですね」

そのひと言を伝えたかった。ところが、どこを見回してもいないのだ。仕方なく、横にいた役員さんに言った。

「Fちゃんのお父さん、上手でしたね。ここにいたら、いいのにね」

「先生、隣のテーブルにいますよ。ほら」

そう言って指さした先に、ツルツル頭の方がいた。グランドで野球帽を被っていた姿とは、大きく違った。私は、「そうですか」の後が続かなかった。

「いつか、私もそんな対象になるのだろう」

急に、気持ちが沈んだ。

それから40年が過ぎた。伊達に来てからしばしば同様の経験をしている。私は帽子を愛用しない。それでも、ジョギングやゴルフでは必需品だ。ご近所さんのパークゴルフ会に仲間入りさせてもらい、初めてプレイに参加した日だ。大ベテランの方と一緒の組で回った。初対面だったが、ラウンドが進むにつれうち解けた。人柄の良さが、プレイにもにじみ出ている方で、後半は冗談も飛び出し楽しく終わった。

たまたま、その夜は打ち上げ会が計画されていた。遠慮なく参加させてもらった。20人近い方が集まった、ほとんどが馴染みのない顔だった。座る席に困った。つい先ほどまで一緒だった大ベテランの隣が、空いていた。軽く会釈して、そこに腰を下ろした。

「こんな会に誘っていただき、嬉しいです」

挨拶もそこそこに話しかけた。

「そうですか」

大ベテランからはそれだけしか返ってこなかった。しばらく時間をおいて、再び声をかけた。

「みなさんと初めてご一緒させてもらって、楽しかったです」

「あっ、そう……」

ラウンド中とは、別人のようだった。不思議な違和感があった。次の瞬間、「もしや」と思い立った。当然、この打ち上げに帽子は不要だ。頭髪の少ない私の頭をおおうものは何もなかった。大ベテランの目に、「私は違う人なのではなかろうか?」。

今度は、ポケットから今日のスコアカードを取り出した。

「Aコースの2番で、OB。あれにはまいりました」

大ベテランの表情が急変し、私の顔を見た。

「ああ……、あそこ……。残念だったね。でも、それからはまあまあで……」

その後は、ラウンド中と変わらない楽しい会話が続いた。

伊達で暮らし始めてから、これに類似したことはいくつもある。家内と一緒のジョギングで挨拶を交わしていた女性と、スーパーで初めて会った。家内には、笑顔を向けたが、私には不思議そうな顔で会釈し立ち去った。

自治会の会議で同席した方と、朝のジョギングですれ違った。ランニング姿に帽子の私に、よそよそしい挨拶が返ってきた。後日、それを伝えると、「気づかなかった」の答え。「どうして?」と訊きたかったが、愚問だと自覚している。

老いてから　どうする

母は70歳になる時、父に逝かれた。その後は、鮮魚店を引き継いだ兄夫婦と一緒に、暮らし始めた。同時に、首都圏に住んでいた私の家に、毎春の2か月間滞在し、2人の息子の世話や家事をしてもらった。75歳を過ぎてからは次第に老いを感じるようになり、遠出も難しくなった。好きな庭いじりをしながら、のんびりと兄宅で日々を過ごした。とは言うものの、まだまだ体は動いた。早朝から夜遅くまで、自宅から車で30分程の店で働く兄夫婦に代わって、朝夕の食事の支度は、母の仕事になった。

週1度の休業日以外は毎日続けた。献立は兄夫婦が決め、店からその食材は持ってきてくれた。母は、買い物などの手間が不要で、外出することもなかった。慌ただしく朝食を済ませて、2人が出かけた後、1人で朝食を摂り後片付けをした。昼食は、残り物をこれまた1人で食べた。そして夕方、夕食の準備し、全てを食卓に並べ2人の帰りを待った。

何度も先に食べていいと言われたが、母はそうしなかった。

夕食だけは1人じゃなく食べたかったのだろう。待ちに待った午後9時過ぎ、帰宅した2人と一緒に食卓を囲んだ。しかし、疲れ切っている2人は、母との会話まで余裕がなく、入浴後すぐに床につくのが日課だった。

近所には、親しくしてくれる同年代の方が2、3人いた。だが、茶飲み友達とは言え、その機会は年齢とともに少なくなっていった。次第に人とのふれあいが減り、会話がなくなった。いつからか、兄たちが頼んだ夕食の献立が時々違った。煮魚が焼魚に、油炒めが煮物になったりした。味付けに首を傾げることも増えていった。それらを指摘すると、「いつも言われた通りにしているよ」の答えが返ってきた。ついには、朝食の洗い物がそのままの日が増えた。明らかに変化が出始めた。兄は悩んだ。

ある日、母は毎日がつまらないと言いだした。母なりに考えたのだろう。

「同じ年頃の人がいる老人ホームに入りたい。話し相手がほしいの」

真顔で言った。

父が亡くなった時の家族会議で、兄は「俺が最期まで見る」と、母との同居をみんなに約束した。

「なのに、老人ホームに預けるのは、約束に反することになるべ」

生真面目な兄は、そう言い張った。

「本人がそれを望むのだから……」

私をはじめ兄弟の声に押され、兄は地元の老人ホームに母を預けた。その時の心境をこう言った。

「みんなに言われて入所させたけど、姥捨て山に連れていったみたいで辛かったよ」

ところが、その母は、私たちの予想に反し大変身をとげた。入所した老人ホームでは、毎日のように様々な催し物があった。それまでの日常に比べ、変化に富んだ毎日だった。日課もしっかりと決まっていた。時にはそれに遅れた。すると、入浴の機会さえ逃すことにもなった。

母は、ホームの流れに従おうと懸命になった。ほどよい緊張感があった。その上、ちぎり絵など「人生で初めて！」にもチャレンジする機会もあった。大相撲の星取り予想に、ホームのみんなで一喜一憂した。星取り予想の的中が一番の人に、ホームからトロフィーのプレゼントがあった。母も一度頂いたと大喜びした。

休みを利用して、その老人ホームを訪ねてみた。久しぶりに顔を合わせた母の開口一番は、「毎日忙しくて、楽しいよ」だった。姥捨て山などとは、全く無縁だった。母の言葉に心が軽くなった。

「白髪が多くなった髪の毛を染めたい」「毎日、新聞が読みたい」そして、「若い頃夢中になった歴史小説を読んでみたい」と言いだした。母は見事に復活し、96歳まで生き、静かに旅立った。

私は、母から老いてからの術を教えてもらった気がしている。まだまだ先と思いつつも、老いの道が徐々に現実味を帯びてくる。その覚悟と共に、色々な迷いも生まれる。

最近、こんなことがあった。

数年前、ご主人に先立たれたご近所さんが、

「80を越えたら、こういう所で暮らそうと決めていたの。いい所がみつかったから」

と、『サービス付き高齢者向け住宅』に転居していった。

そこでの暮らしに慣れた頃、訪ねてみた。彼女の部屋は、思いのほか手狭に感じたが、しっかりとプライバシーは守られているようだった。毎日3食を共にする食堂は、明るく開放感があった。高齢者には、食事は最大の楽しみである。ここに集まり、みんなでワイワイ言いながらの楽しい食事風景を想像し嬉しくなった。

「いい食堂ですね」と言った時だ。「でもね」と、彼女は一緒にここで食事をする男性のことを話し始めた。

彼はすでに90歳を越えた単身者だった。食堂へは毎回いち早く顔を出し、一番端のお気に入りの席を陣取った。自分から話しかけようとはしなかったが、周りの人の声かけには、いつも穏やかな明るい表情で応じた。身のこなしにも服装にもセンスがあった。食事は少量だが、美味しそうに残さず食べた。

その彼が、週に1度だけ、暗い顔で席に着く日があった。朝と夕の献立が洋風の日が、毎週1回あった。彼は、その献立が苦手だった。その日は、ほとんどの料理に手が伸びなかった。

いつものお盆を持って、厨房のカウンターに並ぶ。朝はトーストにサラダ、夕方はハンバーグやスパゲティーが出てくる。彼は、それらを持って、お気に入りの席に着く。そして、その献立を見て、毎週、大きなため息をついた。

「少しでも食べたら」

周りに促され、ほんの少量を口に運ぶが、まったく箸が進まない。再び、大きなため息の時間が続く。別メニューはここでは許されない。他の食べ物を食堂に持ち込むことも禁じられている。だから、毎週1回、彼は必ず満たされない食事の時間をここで過ごした。これからもずっとそうだ。それが、90歳を越えた男性の食生活の一端なのである。

私は、その話に胸が詰まった。切ない想いでいっぱいになった。彼がここまでどんな人生を歩んできたのか。なぜ、この住まいにいるのか。それを知ることはできない。たとえ、どんな歩みであっても人生の終末である。その彼に、必ず毎週、辛い食事の時間がやって来る。彼のわがままが招いたことと、やり過ごしていいのだろうか。それではどうしても納得できない私がいた。そのわがままを受け入れてやりたいと思いつつ、私は帰路についた。

老いてからの道の一例であろう。私が彼なら、どうするのだろう。毎週、ため息をつきながら過ごすのか。答えが見つからないまま、私もピリオドを迎えるのだろうか。

あとがき

いつの間にか、新天地での暮らしも12年が過ぎた。２階の窓からも、大きく伸びたジューンベリーの枝が見えるようになった。秋を迎え葉の色が変わりつつある。それを見ながら想いを馳せている。

大学を卒業するとすぐに小学校に勤務した。友人も知人も家内も、回りはみんな教職だった。「学校の常識は、社会の非常識」。そのような忠告さえ知らなかったが、ふと自分の立ち位置に不安を覚えたこともあった。しかし、どんなに「東京を卒業して、人生をリセットする」と粋がってみても、40年にわたり歩み続けた教職の道への『自負』は色あせなかった。

改めて振り返ると、物心ついた頃から今日まで数々の出会いがあった。私はいつも、いたわりや優しさを大切にする人々の温もりに囲まれていた。居心地がよかった。一人ではないと思えた。そのままの私でいられた。それがエネルギーやモチベーションになり、私らしい階段を一歩一歩上ることができた。そして今、人は誰でも『心豊かであれば』と思うまでに。

本書は、主にブログに執筆した４５０の記事から52作を選び加筆し、７つのカテゴリーに分けて編さんした。どれも私をここまで導いてくれた心豊かな人々によるエピソードである。本当に恵まれていた。

そして、出版にあたっては、これまた幸運にも郁朋社の皆さま、とりわけ佐藤聡さまには多大なお力添えをいただいた。心より深く感謝の意をお伝えしたい。

最後に、自分もやればできるという達成感や、自分もみんなの役に立っているという有用感、自分も大切にされているという安心感。それらを子どもたちが実感できる学校であることを願い、本書を結ぶ。

令和６年　秋

【著者紹介】

塚原 渉（つかはら わたる）

【著者略歴】昭和 23 年　北海道室蘭市生まれ
昭和 46 年　北海道教育大学　卒業
同年　東京都江戸川区立小学校教諭
平成 5 年　東京都葛飾区立小学校教頭
平成 11 年　東京都墨田区立小学校長
平成 18 年　東京都墨田区立幼稚園兼任園長
平成 21 年　東京都墨田区立小学校長　退職
平成 23 年　東京都墨田区立小学校再任用校長　退職
平成 24 年　北海道伊達市へ移住

【受賞】東京都教育委員会職員表彰　平成 21 年 2 月
小学校教育功労者文部科学大臣感謝状　令和 5 年 10 月

【著作】詩集「海と風と凪と」（文芸社）出版
教育エッセイ「優しくなければ」（郁朋社）出版

【現在】全国公立小学校児童文化研究会顧問
東京都小学校児童文化研究会顧問
伊達市中央区第 3 区自治会長
伊達市立伊達小学校運営協議会委員

教育《きょういく》エッセイ　ジューンベリーに忘《わす》れ物《もの》
〜心豊《こころゆた》かであれば〜

2025 年 2 月 2 日　第 1 刷発行

著　者 — 塚原 渉《つかはら わたる》

発行者 — 佐藤 聡

発行所 — 株式会社 郁朋社《いくほうしゃ》

〒 101-0061　東京都千代田区神田三崎町 2-20-4
電　話　03（3234）8923（代表）
ＦＡＸ　03（3234）3948
振　替　00160-5-100328

印刷・製本 — 日本ハイコム株式会社

本文イラスト — 根本 比奈子

装　丁 — 宮田 麻希

郁朋社ホームページアドレス　http://www.ikuhousha.com
この本に関するご意見・ご感想をメールでお寄せいただく際は、
comment@ikuhousha.com　までお願い致します。

 ISBN978-4-87302-839-2 C0095
日本音楽著作権協会（出）許諾第 2408845-401 号